Cuando ya no estás

Cuando ya no estás

Laura Vidal

VERGARA

Papel certificado por el Forest Stewardship Council®

MIXTO
Papel | Apoyando la silvicultura responsable
FSC® C117695

Penguin Random House Grupo Editorial

Primera edición: septiembre de 2021
Decimoprimera reimpresión: abril de 2025

Printed in Spain – Impreso en España

ISBN: 978-84-18620-18-8
Depósito legal: B-9.026-2021

Diseño de maqueta: Comba Studio
Compuesto en M. I. Maquetación, S. L.

Impreso en Limpergraf
Barberà del Vallès (Barcelona)

VE 2 0 1 8 A

A todos los animales de mi vida.
A los que están, a los que vendrán,
pero sobre todo a los que se fueron

Índice

Nota

En este libro intentaré sustituir la palabra «mascota» por otras como «animal de compañía», «animal que vive con nosotros», «miembro de la familia», «peludo», «compañero», «amigo»... No quiero decir que quien llame mascota a su animal de compañía lo haga sin amor y respeto, por supuesto que mucha gente usa esta palabra con todo el cariño, pero creo que está mal formulada.

Utilizo estos otros apelativos, ya que para mí es éticamente más correcto. No creo que el perro que vive en mi casa, que a mi parecer es un miembro más de la familia, pueda nombrarse de la misma forma que los muñecos que animan a un equipo determinado en un partido de fútbol, y es que en el diccionario de la RAE la primera acepción que leemos es: «Persona, animal o cosa que sirve de talismán, que trae buena suerte».

La hipótesis de la relatividad lingüística apunta a que percibimos el mundo de acuerdo con cómo nos referimos a él. El lenguaje influye directamente en la percepción que como sociedad tenemos de las cosas que nos rodean; por tanto, definir bien las cosas es muy importante para nosotros y para las próximas generaciones. La palabra «mascota» proviene del francés *mascotte* y significa «amuleto», lo que cosifica a los animales de compañía y también los separa de los otros animales; ya sabes, esos que no merecen la compasión de la inmensa mayoría de las personas.

Tal y como están las cosas en el mundo y en España, donde recordemos que hoy se lucha en el Congreso de los Diputados para que los animales se consideren seres sintientes y no cosas, la definición de «mascota» no les hace ningún favor, más bien al contrario. Lo éticamente correcto es aceptar que los animales no están aquí solo para nuestro disfrute y entretenimiento, sino que son seres vivos no humanos con una entidad propia que debe respetarse, entenderse y no menospreciarse, ya que nosotros no somos más que otra especie de animales. Pienso firmemente que la «superioridad» que tenemos solo en algunos sentidos no nos legitima para aprovecharnos de nuestros compañeros de planeta, sino que precisamente nuestra moral más elevada trae consigo la responsabilidad de respetar a los demás habitantes de la Tierra y cuidar de ellos.

*

Cuando un hombre se apiade de todas las criaturas vivientes, solo entonces será noble.

BUDA

No te avergüences si, a veces, los animales están más cerca de ti que las personas. Ellos también son tus hermanos.

SAN FRANCISCO DE ASÍS

Introducción

✳

Me han preguntado infinidad de veces, tanto espontáneamente como a colación de lo que han leído en mis libros, cómo cambié mi trabajo de auxiliar veterinaria para dedicarme a acompañar a personas en el proceso de duelo por la pérdida de sus animales de compañía. La respuesta no es fácil. La versión corta es que yo no lo elegí, sino que esta vida me eligió a mí, aunque la verdad es que esta contestación no suele satisfacer a nadie, así que muchas veces suelo optar por la respuesta larga.

Los que me seguís por redes sociales (@esperameenel arcoiris) sabéis que siempre escribo con el corazón, no con las manos ni con la cabeza. Comparto mi experiencia profesional y también la personal, los conocimientos que he adquirido tanto gracias al estudio como en mis acompañamientos en lo referente al duelo y el amor hacia los animales, aunque debo confesar que una de las cosas que más me cuestan es hablar sobre mí. Aun así, siempre he compartido parte de mi camino, de mi vida, de mi amor y de mi dolor, y en estas páginas no será distinto.

En mi historia el amor por los animales ha sido una constante. No sé cuándo ni por qué surgió, pero, según mi madre, antes de saber pronunciar una palabra ya me encantaban los animales. Mientras las otras niñas jugaban a las muñecas o a papá y mamá, yo jugaba con la granja de Pin y

Pon. Así que no es raro que en cuanto supe hablar lo primero que pidiera fuera tener un perro, y este llegó cuando yo tenía ocho años. El mejor regalo de mi vida se llamaba Kira.

Debo confesaros que crecer con un animal es una de las mejores cosas que pueden pasarle a un niño. Ella me dejó algunas de las enseñanzas más importantes de mi vida y se convirtió en mi mejor amiga. Mi amor hacia los animales se cimentó gracias a Kira y ella fue mi inspiración para decidir mi camino profesional. Quería ayudar a los de su especie para devolver un poco del amor que ella me había dado a mí. Me acompañó hasta que cumplí veinticuatro años. Cuando ella falleció yo estaba trabajando y de repente lo supe. Supe que se había ido, tal era nuestro vínculo. Cuando recibí la fatídica llamada de mi madre ya sabía lo que iba a decirme. Fue la primera vez que me enfrenté a la muerte y no me avergüenza reconocer que no estaba preparada para ello. La muerte es dura, pero perder a tu mejor amiga es devastador.

Años después me independicé y empecé a crear mi propia familia. Aunque mucha gente piensa que la familia empieza cuando te casas o te vas a vivir con tu pareja, mi familia lo hizo de forma diferente, con Galo, un enorme dogo alemán. Los animales con los que había convivido hasta entonces eran «mis hermanos», pues yo aún era pequeña y los responsables de ellos eran mis padres; sin embargo, Galo era mío, mi «perrhijo» como yo solía lla-

“

La muerte es dura, pero perder a tu mejor amiga es devastador.

marlo. Fue un perro muy especial, que me dejó infinidad de anécdotas; he tenido animales buenos, cariñosos, traviesos, inteligentes, fieles, increíbles..., pero ninguno como él. Era «un personaje» de trastadas gigantes, igual que su corazón, con la mentalidad de un niño que nunca llegó a crecer, miedoso y divertido a partes iguales, capaz de comerse las cosas más inimaginables (y encima le sentaban de maravilla). Explicar todo lo que él era y significaba para mí daría para escribir un libro entero.

Durante unos años fuimos Galo y yo, mamá y su niño juntos ante todo, incluso en un cambio de país que me llevó a vivir a Italia, lejos de la familia y amigos. Pero ¡ojo! no estaba sola, estaba con mi perrhijo.

Allí amplié la familia y le di a Galo una hermana perruna. Me presenté en la perrera de la ciudad donde vivía y pedí expresamente el peor perro que tuvieran, aquel que nunca nadie se llevaría, y me entregaron una perra negra, esquelética y maltratada, aunque estoy segura de que se equivocaron, ya que resultó ser uno de los seres más maravillosos que he tenido la gran suerte de tener a mi lado: Minnie, una perra que no podía ser más diferente a mi perrhijo. Si él era patoso, ella era puro músculo; si él era miedica, ella era valiente; si él era cariñoso con cualquiera, ella era extremadamente desconfiada con los extraños; si yo defendía a Galo, ella me defendía a mí.

Mi familia ya era de tres. Al regresar a España un par de años después, mi círculo siguió creciendo con una gata llamada Deysi y una lora «asesina» llamada Lolita. Digo que es asesina porque me eligió como su pareja e intenta asesinar al resto del mundo. Cuando conocí a Lolita estaba sufriendo una gran depresión porque sus dueños se habían desprendido de ella, lo que la llevó a prácticamente dejarse morir; su carácter cambió y de ser una lorita simpática se convirtió en un pequeño diablo emplumado que atacaba a todos los que osaban acercarse a ella. Pero un día, después de varios picotazos, de repente se me acercó, me puso la cabecita sobre la palma de la mano y me miró con unos ojos de amor imposibles de explicar. Desde ese día ella me eligió y ya nunca más nos separamos. Vivimos juntas, durante mucho tiempo me acompañó al trabajo, nos duchamos juntas..., aunque sigue intentando atacar al 99 por ciento de la población mundial.

Todos ellos me acompañaron en tantos momentos de mi vida que es imposible contarlos en unas páginas. Solo los que hemos tenido una relación así con un animal sabemos lo que es, hasta dónde son capaces de dar. Muchas veces, la relación con un animal resulta más enriquecedora que la que se puede tener con otro humano. Me acompañaron en mi juventud, estuvieron conmigo en el inicio de una nueva vida, en cada una de mis alegrías y penas, en un divorcio... Cuando no veía ninguna razón para levantarme por la mañana, ellos estaban ahí, mirándome con la correa en la boca y obligándome a salir a pasear. Me acompañaron incluso cuando conocí al amor de mi vida y tuve mi primer hijo, y entonces la familia creció aún más, pero nunca olvidaré que ellos llegaron antes; mi familia empezó con ellos.

“

Muchas veces, la relación con un animal resulta más enriquecedora que la que se puede tener con otro humano.

La vida siguió su curso natural y mis perrhijos se fueron, primero Galo y después Minnie, y me dejaron sola. Luché hasta el final por que se quedaran conmigo, me resistí a la idea de dejarlos ir, no podía soportarlo. El dolor fue tan brutal como si me arrancaran un pedazo de mí; no solo era un dolor emocional: lo sentía incluso físicamente. Era de tal intensidad que me hacía doblarme en dos sobre el estómago. Hundida en ese pozo oscuro que es el principio del duelo, traté de localizar algo que me ayudara a saber qué hacer con esa gran oscuridad que se apoderaba de mí, así que busqué libros sobre el duelo por los animales de compañía y no encontré nada, busqué algún especialista que pudiera ayudarme y no encontré nada. Pero eso no fue lo peor: busqué la comprensión y la validación de mi entorno y me encontré con que nadie me entendía. En medio del dolor tan devastador por haber perdido una parte de mi vida tan importante para mí, tuve que enfrentarme a frases del tipo «es solo un perro», «no seas tan exagerada», «no es el fin del mundo», «si te pones así por un perro, ¿qué pasará cuando fallezca alguien importante de verdad?», «ha pasado una semana, ya deberías estar mejor, ¿no?».

Parece que esto es lo peor que puedes oír cuando has perdido a tus almas gemelas, a tus compañeros más fieles, a una parte de tu familia; sin embargo, oí algo que para mí fue igual o peor: la nada. Personas que nos conocían, gente muy cercana, incluso familiares que no fueron capaces de dedicarme ni una palabra, ni un lo siento, ni un mensaje..., como si nada hubiera ocurrido, como si ellos no fueran significativos. ¿Puede haber algo más doloroso que la indiferencia?

> *¿Puede haber algo más doloroso que la indiferencia?*

Yo, que iba con ellos a todas partes, sobre todo con Minnie. Durante los últimos dos años cada día íbamos juntas a hacer los recados o a caminar por nuestra montaña, y cuando se fue no era capaz ni de salir sola a la calle o a hacer senderismo. Mi soledad me recordaba constantemente su ausencia, en cualquier momento podía venirme abajo y romper a llorar en un espacio público, y eso me agobiaba hasta el punto de que me daba ansiedad salir sola de casa.

¿Qué podía hacer con ese dolor? Empecé a leer todo lo que pude encontrar sobre duelo entre humanos y a estudiar cómo extrapolarlo a la relación humano-animal. Casi sin darme cuenta fui escribiendo una especie de libro terapéutico sobre Galo, Minnie, el duelo y el amor hacia los animales, y así nació mi libro *Espérame en el arcoíris*, directamente de mi corazón en proceso de sanación.

Cuando terminé de escribirlo ya estaba mejor; sin embargo, no me decidí a publicarlo. ¡Menos mal que me di de bruces con la vida y fue el empujón que faltaba para atreverme a hacerlo! Pero esta es otra historia que te contaré a continuación. Esta vida me eligió cuando lo publiqué después de pensar que lo que cuento podría serle útil a alguien más. Una vez leí que lo que mandas al universo vuelve a ti. Yo lancé mi libro lleno de amor, escrito con el corazón, pensando que si era capaz de ayudar a una sola persona que estuviera sufriendo un duelo tan duro e incomprendido como el que vivimos por nuestros peludos me daba por satisfecha. La verdad es que el universo me ha devuelto todo ese amor multiplicado por mil. Al poco empezaron a llegar los mensajes, correos electrónicos y llamadas de gente que se había sentido identificada conmigo. Decían que mi libro los había ayudado enormemente y necesitaban más de mí. Así, durante este tiempo he seguido trabajando como acompañante en el duelo. Me he formado como *doula* del alma animal con la gran Olga Porqueras, he estudiado, aprendido, ampliado mis horizontes y he sentido la necesidad de compartirlo y de acompañar a otras personas en su duelo, así como apreciar el hermoso regalo que nos ha sido dado y del que hablo en este libro.

Para mí esta es una tarea bonita y difícil a partes iguales. Bonita por la ilusión, las ganas, el amor hacia esas personas que aman lo que yo amo, a los peludos; vosotros sois mi tribu. Siento que los que amamos así a los animales somos un mismo corazón, porque cuando veo que una de mis chicas se recupera del duelo después de haber vivido un auténtico proceso de transformación, me siento la persona más afortunada del mundo, pues he contribuido de alguna forma a mejorar su vida. También es difícil, porque creo que pocas cosas hay más duras que el duelo por la pérdida de un ser querido. Me enfrento cada día a uno de los tabúes más arraigados de nuestra sociedad: la muerte. Lucho contra el inmenso dolor que deja la partida de un ser tan especial y me siento como un ratoncito con un alfiler luchando contra un elefante. Intento mostrar que hay luz al final del túnel sujetando una linterna y haciendo señales desde allí. Pero debo deciros que, aunque es difícil, merece la pena porque mi fin sigue siendo ayudar a las personas que están sufriendo una de las despedidas más tristes que hay y a la vez más incomprendidas, porque no quiero que nadie se sienta solo en su dolor, porque tanto los peludos como nosotros nos lo merecemos.

No hay dos duelos iguales, ya que cada uno es tan único como la persona que lo sufre. Te invito a quedarte con las partes del libro con las que te sientas más conectado y dejes ir las otras. Que percibas que aquí está tu trabajo de duelo, que subrayes las frases que te inspiren, que escribas en los márgenes y que en vez de usar un marcapáginas uses una foto de tu amor peludo para tenerlo más cerca aún si cabe.

> “
> *No hay dos duelos iguales, ya que cada uno es tan único como la persona que lo sufre.*

Espero que la lectura de este libro te ayude a salir de este laberinto al que llamamos «duelo»; espero que mis libros sean una luz para ti en tu dolor y una tabla a la que puedas agarrarte en esta tormenta de tristeza, que te ofrezcan otra visión de la muerte que las capas de la educación impuesta y los protocolos culturales no nos permiten ver, que te aporte riqueza de la importante: no de la que llevamos en nuestros bolsillos, sino de la que portamos en el corazón.

“

En las profundidades del invierno finalmente aprendí que en mi interior habitaba un verano invencible.

ALBERT CAMUS

”

El duelo por nuestros peludos

✳

A veces me preguntan: «¿Cómo puedo sufrir un duelo tan duro por un animal?», «¿Cómo puede ser que me esté costando más superar esto que el fallecimiento de un familiar X?».

El dolor es proporcional al amor que hemos recibido, a la relación que hemos creado. Te devuelvo una pregunta en forma de juego:

¿Qué significa tu peludo para ti? Marca la casilla correcta.

- ☐ Es mi mejor amigo, un ser con el que puedo ser yo mismo, que conoce lo mejor y lo peor de mí, ya que con él no necesito fingir. No me juzga, por lo que puedo quitarme la máscara y aun así me quiere.
- ☐ Es mi perrhijo/gathijo, al que puedo brindarle todo mi amor y mi ternura sin miedo al rechazo. Me siento realizada con él, ya que cuidándolo me siento útil y necesaria, lo que me hace sentir bien.
- ☐ Es mi familia, con quien duermo cada noche, con quien veo la tele los días de lluvia calentitos en el sofá.
- ☐ Siempre está detrás de la puerta esperándome para saludarme cuando llego a casa, con más alegría que el resto de mi familia humana.

- ☐ Es mi más fiel compañía. Mis hijos se independizaron, pero él se quedó; me independicé y vivo solo con él; no tengo pareja ni hijos y él es mi única compañía; lo he criado junto a mis hijos como a uno más. Me ayudó en mis malos momentos. Con él no necesitaba palabras, con una mirada nos entendíamos. Dependía de mí y mis cuidados, con él tenía una conexión única.
- ☐ Es mi compañero de aficiones y actividades. Con él doy los mejores paseos, ha hecho que me aficione al *running*; con él salgo a hacer senderismo. Se pone en mi regazo mientras leo un libro; a mis pies mientras cocino.
- ☐ Todas las anteriores.

Con estas respuestas, ¿te sorprendes de lo duro del duelo?

Creo que pocas relaciones son tan especiales como las forjadas desde el amor incondicional, pocos seres llenan tantos aspectos de nuestra vida cuando mantenemos una relación de alma a alma, que no necesita palabras, no se alimenta de cosas superfluas; es un amor que trasciende las bases de nuestra sociedad. De este intercambio salimos ganando, ya que si nosotros les proporcionamos a nuestros animales una casa, alimento y juguetes, ellos nos entregan riqueza de la de verdad, de la importante, esa que es intangible pero que perdura dentro de nosotros. La

> “
> *La relación entre nosotros y nuestros peludos es la más enriquecedora que podemos disfrutar.*

relación entre nosotros y nuestros peludos es la más enriquecedora que podemos disfrutar.

En la crudeza del duelo influyen varios factores: la proximidad de la convivencia, la relación entre la persona fallecida y el doliente, la posibilidad de haber expresado nuestros sentimientos hacia el que ha fallecido y la satisfacción con la relación.

Siguiendo este camino vemos que con pocos seres podemos tener una cercanía mayor que con los animales que viven con nosotros, a los que vemos cada día, durante muchísimas horas y durante muchísimos años. De hecho, los animales pasan a formar parte de nuestro núcleo familiar más cerrado. Son de esos miembros del círculo que se quedan dentro de casa cuando cierras la puerta por la noche, de ahí que su ausencia y el consiguiente duelo serán durísimos, ya que su falta se hará presente en nuestra casa a diario y se extenderá por todo nuestro hogar. Son nuestra familia más cercana y el duelo, por tanto, será un proceso muy duro y difícil.

Como ya he mencionado, la relación que forjamos con ellos es muy intensa, única y, creo que muchos de vosotros estaréis de acuerdo conmigo, casi mágica. Se convierten en un pilar indispensable en nuestra vida, nos hacen dar lo mejor de nosotros, consiguen que nos sintamos queridos y amados incondicionalmente y, a la vez, que podamos devolver todo ese amor y esa ternura considerándonos útiles e incluso indispensables para otro ser que depende de nosotros. Por todo ello, el sentimiento de pérdida cuando nos faltan llega a ser desgarrador.

Algo que nos pesa después es si hemos sido capaces de hacer que conocieran nuestros sentimientos hacia ellos. Es una circunstancia con la que me encuentro a diario. Podemos demostrarles nuestro amor, que al final es lo más importante para ellos, pero no podemos decírselo, verbalizarlo, lo que es importante para nosotros. Hay gente muy atormentada que se pregunta si su animal sabía lo que lo quería, lo que significaba en su vida, a la que le habría encantado preguntarle si fue feliz a su lado y tantas cosas más. El hecho de creer que no tenemos esa comunicación con ellos no nos ayuda a cerrar la etapa del duelo. Quiero hacer hincapié en la palabra «creer», ya que ellos sí que perciben nuestros sentimientos y saben de sobra lo que sentimos por ellos. No es un problema de relación entre especies, sino nuestro, pues habríamos necesitado verbalizarlo para sentirnos mejor.

En el último punto tenemos la satisfacción con la relación. Como decía al principio, nuestra relación con ellos es increíblemente enriquecedora: una mirada suya llena de cariño, sentarse a nuestro lado cuando estamos tristes, caminar juntos en silencio siendo simplemente felices... Creo que pocas relaciones entre humanos pueden hacernos sentir tan satisfechos. Cuando la gente me describe la relación con sus peludos usan palabras como «mágica», «única», «incondicional», «tierna», «amorosa»... Después les pido que describan la relación con ese familiar X que he mencionado unas páginas atrás y sus respuestas son: difícil, con altibajos, fría, superficial... ¿Aprecias la diferencia?

> “
> *Lo duro del duelo es reajustar nuestra vida tras haber perdido una relación tan especial como esa. Y lo normal es que sea un proceso doloroso y difícil.*

Lo duro del duelo es reajustar nuestra vida tras haber perdido una relación tan especial. Y lo normal es que sea un proceso doloroso y difícil. No eres un bicho raro por sufrir así la muerte de tu animal; al contrario, en todo caso demuestras que eres humano, y, como buen humano, te duele perder algo que te aporta tanto. Lidiar con esa parte de la sociedad que no entiende tu pesar será difícil, pero es que ellos no han tenido la suerte de experimentar una relación tan maravillosa como la vuestra y con un ser tan especial. El problema es suyo, no tuyo. Normalicemos el duelo por nuestros animales como algo tan natural como lo que es; no tengamos miedo a las críticas de quien no nos entiende, pues dice más de ellos que de nosotros.

En mis acompañamientos en el duelo me suelo encontrar un bloqueo bastante común: hay gente que se resiste a superar la pena porque piensan que elaborar un buen duelo es olvidar. Algunos incluso se sienten más desahogados cuando ven que no les pido eso, sino todo lo contrario.

> “
> *Normalicemos el duelo por nuestros animales como algo tan natural como lo que es; no tengamos miedo a las críticas de quien no nos entiende, pues dice más de ellos que de nosotros.*

Un buen duelo no es sinónimo de olvidar, sino de reubicar.

Nuestro hijo peludo será nuestro hijo siempre, durante toda esta vida que nos ha tocado. Nunca te pediría que no hablaras de él o que quitaras sus fotos. ¡Jamás! Lo que hay que hacer es encontrar otra forma de querer, una en la que se ama desde el alma y no desde los sentidos.

Yo espero ayudarte en este duro camino que es el duelo, para que puedas sanarte. Sanarte porque, al final, quien tiene que curar esta herida eres tú; yo solo puedo acompañarte y guiarte con todo mi cariño a través de estas páginas.

¿Podemos amar lo que no podemos ver y tocar? Por supuesto que sí.

¿Dónde ponemos todo ese amor que nos sobra después de que nuestros peludos trasciendan? Debemos canalizarlo, ya que el amor nunca se pierde o no debería perderse. Una buena forma de canalizarlo y rendir homenaje a tu peludo es ayudando a los de su especie, que, por desgracia, lo necesitan muchísimo. Ser casa de acogida, cuidar perros de personas enfermas, de mujeres maltratadas, ayudar en una protectora una vez por semana, ir a pasear a los perros de un refugio... Echa un vistazo a las asociaciones de tu localidad.

¿Qué puedo hacer con todo ese amor que sigue dentro de mí? Seguir mandándoselo a nuestro peludo, aunque esté en otro lugar. Que no esté aquí no significa que no esté en ninguna parte.

¿Cómo? Buscando la forma que te haga sentir bien. Visualizándolo, pintándole un cuadro bonito y poniéndolo en su sitio preferido de la casa, escribiéndole, dejando un pequeño rinconcito de él en un sitio bonito, haciendo un atrapasueños con sus cosas preferidas, un álbum hecho por ti con fotos y con vuestras anécdotas...

“

¿Qué puedo hacer con todo ese amor que continúa dentro de mí? Seguir mandándoselo a nuestro peludo, aunque esté en otro lugar. Que no esté aquí no significa que no esté en ninguna parte.

¡Creatividad al poder!

Reubicar es entender que ahora tendrá otro lugar, un lugar más etéreo y menos físico; que tendremos que buscar nuevas formas de amar; que tenemos que honrar ese amor para que el dolor no gane la partida. Solo hasta que volvamos a vernos.

“

Nunca se van del alma quienes hicieron magia en nuestra vida.

Dann Vega

”

¿DÓNDE VOY A REUBICAR A MI PELUDO?

Piensa en el espacio que vas a dedicar a tu amigo. Puede ser un cuadro, una foto, el rincón de una estantería con su juguete favorito... Imagínatelo con todo detalle, descríbelo, dibújalo.

La vida
no es justa,
la vida
simplemente
es

*

Justo después de salir del terrible dolor del duelo la vida me dio una gran sorpresa al poner en mi camino un precioso, enorme y maltratado galgo negro llamado Oreo.

Mi Oreo, el perro que no habría querido pero que mi alma herida necesitaba. Un peludo que llegó a nuestra casa de manos de mi marido y en apenas un día nos robó a todos el corazón. Si tuviera que describir a Oreo solo encontraría una palabra y es «perfecto». La perfección hecha perro. No necesité más de un par de días para sentir que conectaba con él por completo, de alma a alma, de una forma muy especial. Era un peludo que estaba agradecido por el simple hecho de que compartieras con él, que te miraba con esos ojos color avellana y sentías que encerraban todo el amor del mundo, que, a veces, mientras dormía abría un ojo solo para comprobar que estabas cerca de él, como si tuviera miedo de que su nueva vida fuera solo un sueño. Lo cierto es que esto me sorprendió muchísimo, pues era tal la unión que tenía con Minnie que habría puesto la mano en el fuego a que nunca sentiría esa conexión tan increíblemente intensa con ningún otro ser. Sin embargo, así fue, y de una forma tan rápida que me dejó estupefacta y maravillada a partes iguales.

Oreo era, sin duda, un ser de luz que a pesar de tener el cuerpo lleno de cicatrices no tenía miedo de nadie; simplemente se acercaba para recibir amor. Era tranquilo, era obediente, era paz, era agradecimiento, era todo lo bonito de la vida después de haber vivido en el infierno. Mi hijo estaba enamorado de él y nosotros y el vecindario; incluso nuestra exigente gata le dio el visto bueno. Obtuvo un pleno.

No solo trajo la felicidad a casa, sino que vino con una noticia debajo del brazo; bueno, debajo de la pata: la familia crecía y no solo por nuestro nuevo peludo, sino porque una pequeña vida se formaba dentro de mí, mi bebé estrella. ¿Acaso podía ser más feliz? Ya me imaginaba con mi barriguita y con Oreo, todas las cosas que haríamos juntos y todo lo que íbamos a disfrutar. Después de haber tenido que dejar ir a mis dos perrhijos, Galo y Minnie, para mí eso era un regalo de la vida; la felicidad seguía existiendo. El arcoíris me esperaba después de la tormenta. La vida, antes gris, se me presentaba llena de colores, los más brillantes que habría podido imaginar.

Me sentía tan inmensamente feliz que a veces me costaba estar en casa. Solo quería salir, pasear, proclamar mi felicidad a los cuatro vientos y, así, un día decidí ir al campo con Oreo y con mi hijo, que en ese momento tenía cuatro años. Fuimos al campo de mis suegros, donde tienen una gran parcela vallada; allí podía soltar a Oreo para que corriera y jugara, y yo no tendría que estar pendiente de que no se escapara, aunque era muy obediente y siempre volvía al oír su nombre.

Era una tarde idílica: la puesta de sol, Oreo y mi hijo jugaban y corrían felices, y yo los miraba con el corazón lleno de amor; después de lo malo siempre viene algo bueno, ¿no?

Por desgracia, a veces las cosas solo necesitan un segundo para cambiar y así ocurrió. Esa preciosa tarde se convirtió en una de las peores de mi vida y en uno de los momentos más traumáticos para mí. ¿Quién me lo iba a decir en ese momento? La vida puede dar la vuelta sin avisarte y cogerte por sorpresa. Una vez oí que la vida solo pasa, no pide permiso. ¡Qué gran verdad! A veces pensamos que la vida es «nuestra», que tenemos el control y necesitamos un golpe de realidad para darnos cuenta de que eso es solo una ilusión.

Mientras Neizan y Oreo jugaban, en plena carrera Oreo chocó contra un árbol. La velocidad que puede alcanzar un galgo es de 70 kilómetros por hora, así que más que un choque pareció un atropello. El impacto fue tremendo, Oreo salió despedido dando volteretas en el aire. Sentí que el tiempo se paralizaba; en mis oídos, los gritos ensordecedores de Oreo, mientras de fondo oía a mi hijo chillar y llorar. Me acerqué corriendo a donde había caído. Sabía que lo que había pasado era muy grave. Mi peludo tenía la mirada completamente perdida, sus alaridos eran ensordecedores. En mi estado de *shock* me acerqué para abrazarlo y calmarlo, a lo que respondió con un mordisco. No sabía ni quién era ni dónde estaba, solo sentía un gran dolor, un tormento horrible e insoportable. Grité al notar cómo sus dientes se me hundían en la carne. Me aparté y empecé a hablarle: «Tranquilo, cariño; mamá está aquí, tranquilo». En ese momento recordé que no tenía el teléfono y no podía llamar a nadie

> “
> *La vida puede dar la vuelta sin avisarte y cogerte por sorpresa.*

para pedir ayuda. El coche estaba a unos ochocientos metros de distancia. Cogí a mi hijo para evitar que se acercara a Oreo y este lo mordiera; salí con el niño en brazos corriendo hacia el coche todo lo que las piernas me permitían, mientras lloraba y extendía las manitas hacia su perro. Cuando llegué tenía las manos cubiertas de sangre y me temblaban tanto que no era capaz de meter la llave en el contacto. En mi cabeza solo se repetía «No, no, no, no, no, por favor, no; que esto no esté pasando». Era todo lo que tenía dentro de mí.

Conseguí arrancar y fuimos hacia donde Oreo había tenido el accidente. Llegué lo más cerca que pude, bajé del coche mientras mi hijo seguía gritando que Oreo tenía pupa y lloraba desconsolado. Abrí el maletero y fui a por mi peludo; en ese momento Oreo estaba en *shock*, con la mirada perdida, y ya no emitía ningún sonido. Intenté hacer que se levantara, pero fue imposible. Como pude me acerqué a él y lo cogí en brazos. No sé ni cómo fui capaz de hacerlo, ya que Oreo era uno de los galgos más grandes que nunca he visto; supongo que en estas situaciones tenemos una fuerza insospechada incluso para nosotros mismos. Él protestaba; tenía dolor, pero como pude lo cargué en el maletero, me quité la camiseta y me vendé el brazo para que la sangre que salía de la marca de sus dientes en mi piel no siguiera deslizándose hacia abajo, y así llegué al veterinario.

El diagnóstico fue muy grave: columna fracturada, vértebras rotas, varios daños internos... El veterinario no podía hacer nada por él, lo que tenía era demasiado grave, así que nos derivó a un gran hospital veterinario a varios kilómetros de distancia. Llamé a mi marido y fuimos para allá.

Nos dijeron que debía valorarlo un neurocirujano; sin embargo, por circunstancias de la vida, el destino o la sincronicidad, todos los veterinarios neurocirujanos de la provincia de Alicante se encontraban en una charla en Zaragoza. Avisaron de urgencia, pero lo más pronto que llegarían sería al día siguiente por la tarde, así que se quedó ingresado y estable esperando un diagnóstico. Lo que nos dijeron al día siguiente fue demoledor. Podían hacer todo lo posible, varias cirugías que ascendían a un total de casi cuatro mil euros y con aproximadamente un 20 por ciento de posibilidades de sobrevivir y un 10 por ciento de volver a andar, ya que no haber podido operarlo el día del accidente había desnivelado las esperanzas en nuestra contra. No me lo pensé; para mí era mi familia, daba igual que hubiera estado conmigo unos meses o diez años. Era mi perrhijo y haría todo lo necesario para darle una oportunidad.

Fueron unos días largos en los que no pude dejar de llorar; barajé pedir un préstamo, llamar por teléfono a amigos o familiares para contar la situación. Algunas personas se ofrecieron a ayudarnos de buena gana, otras nos respondieron con críticas. Había gente que se llevaba las manos a la cabeza al pensar que gastaríamos ese dinero en un animal; ya sabéis, es solo un perro. Personas que aun por encima de nuestro dolor nos respondieron con reproches y críticas. Al final, sobre las cuatro de la madrugada mi marido se sentó y, con la cara entre las manos, empezó a llorar por primera vez. Lo abracé, le dije que saldríamos de aquella, que todo iría bien mientras estuviéramos juntos, y que nuestro bebé nos ayudaría. Y así, entre lágrimas, nos quedamos dormidos.

¿Por qué me pasaba eso a mí? A una buena persona como yo, a un animal tan bueno como Oreo. ¿Cómo podíamos tener tan mala suerte? ¿Qué perro se choca solo contra un árbol? ¿Cómo era posible que no hubiera ningún neurocirujano disponible justo esa tarde? Mi pequeño, que apenas comenzaba a vivir una nueva vida, que acababa de descubrir lo que era una cama, el calor de un hogar, para qué servían los juguetes… ¿Cómo era posible que después de vivir siete años con un cazador no hubiera tenido ningún accidente y le hubiera ocurrido en un par de meses de vivir con nosotros? ¿De verdad tenía que volver a pasar por aquello cuando había perdido a Minnie hacía solo cinco meses? No, no iba a permitirlo, no iba a dejar que pasara; iba a hacer todo lo que hiciera falta por él y a luchar como una leona para ayudarlo a seguir adelante. No me importaba si tenía que ir en sillita de ruedas, pues sabía que aun así podría ser un perro feliz.

Pero la vida no es justa o injusta, buena o mala, la vida simplemente es.

Unos días después empecé a encontrarme mal físicamente, aunque pensé que era normal, del disgusto, además de los muchos nervios que habíamos pasado con el tema del dinero, problemas en el veterinario… Por suerte nos tocaba ecografía, así que fuimos al ginecólogo llenos de expectación. Recuerdo que hablamos y conseguí incluso reír un poco; por lo menos íbamos a ver a nuestro bebé. Nos quedaba esa ilusión y la

“

Pero la vida no es justa o injusta, buena o mala, la vida simplemente es.

esperanza de que ocurriera un milagro con Oreo. «Seguro que este bebé le trae mucha suerte». Cuando me tumbé en la camilla estaba muy emocionada y a mi marido no le cabía la sonrisa en la cara; bromeaba con nuestra ginecóloga, que empezó a hacer la ecografía, y ahí estaba nuestro bebé.

Todo parecía bien, lo midió y vio cómo estaba, y entonces empezó a buscar el latido. Vi que la cara le iba cambiando de la sonrisa a la concentración, a la seriedad, a la preocupación y por último bajó la mirada. La cara que ninguna embarazada quiere ver mientras le hacen una ecografía. Una pesadilla convertida en realidad. Mi marido, como estaba detrás de ella, seguía sonriendo feliz e ilusionado, mirando a nuestro bebé en la pantalla. Yo en ese momento solo tenía ganas de levantarme y salir corriendo. No quería oír lo que tenía que decirme porque no hacía falta que me dijera nada, su cara había hablado por ella. Entonces la doctora me miró, me cogió la mano y me dijo: «Laura, no hay latido, esto no tiene buena pinta, no va bien».

Ni yo misma sé cómo explicar todo lo que siguió después; el dolor, las lágrimas, la impotencia. ¿Cuánto puedes amar a alguien a quien no conoces? Me mandó a casa, repetiríamos la ecografía en unos días, pero el diagnóstico era bastante malo. Me dijo que si notaba dolor o sangraba tenía que volver, ya que podía ser que mi cuerpo expulsase al bebé de forma natural. En esos momentos comprobé que verdaderamente la esperanza es lo último que se pierde. Intentaba ser positiva en todo, pero era demasiado. Oreo y mi bebé. Tampoco quería ser pesimista, seguro que se salvarían, no podía ser que perdiera a los dos. Rezaba, no sé ni a quién «por favor, no me los arrebates». Más tarde descubrí que eso forma parte de lo que se denomina «etapa de la negociación».

A los dos días empezó el dolor, dolor que resistí con todas mis fuerzas. ¿Por qué? No lo sé, supongo que porque no quería rendirme, quería seguir luchando por mi bebé. Era evidente que estaba teniendo un aborto, pero no hay más ciego que aquel que no quiere (o puede) ver. A veces el sufrimiento es tan atroz que nos ciega. Llegó un punto en el que el dolor fue increíblemente insoportable; sufría contracciones, ya que mi cuerpo estaba intentando expulsar a mi pequeño. Doblada de dolor, tuve que aceptar lo que era y despedirme de lo que yo quería que fuera. No solo perdí a mi bebé, perdí toda la vida que habría tenido con él, la que habríamos tenido juntos. En un instante perdí una vida entera de amor, de compartir, de enseñar, de agradecer, de disfrutar, de amar… Perdí una parte de mi corazón porque yo ya era su madre; otro duelo muy incomprendido en nuestra sociedad: los abortos, las muertes gestacionales y su consiguiente duelo. Me decían: «Tranquila, tendrás otro, sois jóvenes, podéis intentarlo de nuevo; es mejor que haya sido ahora que después, mejor ahora a que haya nacido mal…».

“

A veces el sufrimiento es tan atroz que nos ciega.

No, nunca es mejor. Porque yo quería que mi hijo naciera y que naciera bien, tener la oportunidad de decirle cuánto lo quería. Y no, no quiero otro hijo y no quiero volver a intentarlo, quiero a este hijo. A mi hijo; al que iba a nacer el día de

Nochebuena; el que iba a ser un regalo de Papá Noel; aquel de cuya llegada me enteré en una prueba médica y por el que brindé con las enfermeras diciendo que serían sus madrinas; a ese hijo tan amado que íbamos a anunciar a su hermanito mayor con un juego. Quiero a ese hijo y ese hijo se ha muerto. Ese hijo no va a ser.

Me quedé ingresada con medicación esperando a ver si iba a expulsarlo o no. Al día siguiente vinieron a por mí y, en silla de ruedas, me llevaron a la consulta de ginecología. Esperé mi turno al lado de todas las mamis que iban a ver a sus bebés. Me miraban con curiosidad pensando qué me pasaría, pues iba con la bata del hospital y en la silla de ruedas. Yo solo quería desaparecer. En la ecografía se vio que mi pequeño seguía allí, incluso en ese momento volví a preguntar si había latido. Me miraron con pena y negaron con la cabeza. Tenían que hacerme un legrado. Solo me había sometido a una operación en mi vida y nunca me habían dormido por completo. Estaba aterrada.

Cuando me bajaron al quirófano me temblaba la mandíbula del miedo y los nervios. En la sala había como cinco o seis caras desconocidas. Mientras yo contenía las lágrimas, los enfermeros, auxiliares y demás reían y hablaban de a qué discoteca irían el fin de semana. Yo no sabía adónde mirar, solo quería levantarme y salir de allí; todo me parecía una pesadilla espantosa. Intentaron que pusiera las piernas en el cabestrillo; digo «intentaron» porque fui completamente incapaz de hacerlo, me temblaban muchísimo. La enfermera, bastante seca, me dijo: «Bueno, déjalo, ya lo haremos cuando te duermas». Siguieron entrando y saliendo personas del quirófano hasta que un hombre vestido con la típica bata y gorro azules se me acercó y me cogió la mano: «Tranquila, todo va a salir bien».

Cuántas veces he pensado en ese hombre, en cómo me gustaría darle las gracias por lo que hizo; en su momento no pude, pues si hubiera intentado hablar me habría echado a llorar. Sé que nunca leerá mis palabras, pero gracias. Gracias por ser la humanidad en la inhumanidad, por ser una cara amable cuando parecía ser invisible para los demás, por haberme dado la mano cuando las mías temblaban de miedo.

No sé ni cómo ni cuándo me dormí; lo que más recuerdo de ese día es que cuando me desperté oí el llanto de otros bebés. Los bebés que acababan de nacer. Los bebés que habían tenido la posibilidad que mi hijo no tendría. En la sala de reanimación, a las puertas del quirófano donde acababan de practicar una cesárea, oía los felices comentarios y ese llanto de bebé que se me quedó grabado. Me subieron a planta. Allí estaba, recién operada, vacía, mientras las mamás de las demás habitaciones estaban felices con sus niños. Allí me esperaban mis padres y mi marido. No fui capaz de hablar durante un par de horas, solo lloré, lloré y lloré, con mi marido abrazándome de un lado y mi madre del otro. Recuerdo ese llanto como una de las experiencias más raras de mi vida. Lloré unas lágrimas diferentes, unas lágrimas que no salían de los ojos, ni siquiera del corazón. Eran lágrimas más profundas aún, eran lágrimas del alma. Eran lágrimas que rompían el corazón, pero a la vez lo curaban.

Ojalá algún día en los hospitales haya un protocolo diferente en caso de aborto espontáneo, ojalá algún día estén preparados para tratar no solo el cuerpo, sino también el alma que habita dentro de él. Ojalá se vea más empatía y humanidad de la que yo viví.

Al día siguiente recibimos una llamada del veterinario, Oreo estaba peor y sufría muchísimo, quería que fuéramos a hablar con ellos. Supliqué que me dejaran ir, pero debía guardar reposo absoluto y no podía moverme, así que fue mi marido solo. Pensaba: «Laura, lo de Oreo saldrá bien, debe salir bien; no puede ser que te pase todo a ti». Pero cuando Jorge volvió llevaba en la mano el collar de Oreo. No hizo falta decir nada. Había perdido a la vez dos de los seres que más quería en la vida.

La vida simplemente es, aunque a veces nos golpee y nos duela.

Obviamente pasé por los dos duelos. Volver al laberinto solo unos meses después de haber salido y de una forma tan brusca no es tarea fácil. Releí varias veces lo que había escrito tiempo atrás. Increíblemente, mi yo del pasado estaba ayudándome, mi antiguo dolor me hablaba para que pudiera superar aquel nuevo dolor que nunca imaginé que sentiría; de hecho, me ayudaron mis propios consejos. Una vez más pasé por las etapas, las callejuelas del duelo. Los famosos «y si»... ¿Y si no hubiera ido ese día al campo? ¿Y si no se hubiera chocado contra aquel árbol? ¿Y si perdí a mi bebé por el accidente de Oreo? ¿Y si perdí a mi bebé de la impresión, del trauma, del mordisco, de la tristeza, de los nervios? Nunca se supo y nunca se sabrá. Pasé la etapa de la negocia-

"

La vida simplemente es, aunque a veces nos golpee y nos duela.

ción: «Por favor, señor, Buda, universo, quien esté ahí; por favor, no os llevéis a los dos». También viví la etapa de la ira cuando veía alguna embarazada paseando su perro o algún carrito de bebé que avanzaba junto a un peludo; desde la rabia me preguntaba por qué ellos sí y yo no, por qué había tenido que vivir aquello.

No hace falta que os diga que fue uno de los momentos más duros de mi vida. Tuve que quererme, que permitirme sufrir, que abrazar mi dolor hasta que sanara, que recomponerme, que hacer cosas que me ayudaban, aunque a veces no me apeteciera. Una etapa en la que, como muchas veces en la vida, hubo gente que supo estar ahí y gente que no. Otro duelo más que añadir cuando amistades que tú crees que son verdaderas desaparecen en esos momentos; no saben, no pueden o no quieren ayudarte. Mucho dolor en una sola alma.

Lloré mares enteros, me pasé días sin salir de la cama, leí y releí mi libro, me despedí de esa vida que no iba a vivir, con todo mi dolor dije adiós a Oreo, con todo mi dolor me despedí de ese hijo que no iba a llegar a ser; acepté la vida que se me presentaba, aunque no fuera con la que yo contaba; me mentalicé para fluir con la corriente en lugar de luchar contra ella.

Mi cuerpo estaba hiperactivo, lo que me generaba ansiedad; mi mente, agotada de tanto pensar, de tanto sufrir. Mi marido y yo decidimos pasar unos días en un lugar de Castellón donde dábamos largas caminatas de hasta siete u ocho horas diarias. Estar en contacto con la naturaleza siempre me ha llevado a mi centro, la madre Tierra me aquieta la mente y cansa mi cuerpo nervioso, lo que me permite dormir por la noche. La montaña fue una gran ayuda para pasar por esto, por los peores momentos de este duelo. Para mí es un bálsamo acallar la mente, estar en contacto con la grandeza de la naturaleza y ver lo pequeña que soy yo y mis problemas en comparación; cansarme el cuerpo, ver la vida desde otra perspectiva. Allí pasé una parte de mi dolor con mi marido, mi muleta, en el que puedo apoyarme cuando las piernas me fallan. El mejor hombre, compañero, amigo, amante, padre, marido y sostén que pueda soñar.

Cambié ese «¿por qué a mí?» que me atormentaba por un «¿para qué a mí?». Aclaro que no creo que me haya pasado todo esto por un «¿para qué?»; entendedme, eso sería cruel e ilógico, pero creo que, ya que ha pasado, yo puedo intentar buscarle el mejor «para qué» posible: para poder ayudar aún más a los demás. Este fue el empujón definitivo que me llevó a publicar mi libro con la esperanza de ayudar a alguien más. He vivido tanto dolor, tantos duelos que creo que me han ayudado a entender mejor a la gente que está pasando por esto. Para ser mejor en mis acompañamientos, en mis terapias y poder ayudar a personas que están sufriendo el duelo por sus peludos, y quizá para ayudarme a escribir este libro y poder llevar un poco de esperanza a la gente que está pasando por un momento tan negro como el que he pasado yo.

> “
> *Hemos de aceptar que a la gente buena nos pasan cosas malas, que suceden injusticias, pero nosotros siempre tenemos la opción de decidir qué hacemos con eso malo que nos pasa.*

Para la vida que es, que se me presenta delante. Hemos de aceptar que a la gente buena nos pasan cosas malas, que suceden injusticias, pero nosotros siempre tenemos la opción de decidir qué hacemos con eso malo que nos pasa. Hay dos caminos posibles: nos compadecemos, nos convertimos en víctimas, nos volvemos personas amargadas que viven conmiserándose en su dolor o utilizamos estas circunstancias de la mejor forma que podamos, para ayudar a los demás, para hacernos personas más sensibles y empáticas, poniendo nuestros aprendizajes al servicio del otro, y así conseguiremos que, al final, incluso nuestros dolores más grandes se conviertan en algo bueno para el mundo.

Las situaciones que tenemos que vivir muchas veces no dependen de nosotros. Lo que sí está en nuestra mano es lo que hacemos con eso que nos pasa, cómo nos lo tomamos y cómo lo afrontamos. Hay una frase de Vivian Komoei que me encanta y que dice: «La vida no consiste en lo rápido que corres o lo alto que subes, sino en lo bien que rebotas». Puedo enfadarme con el mundo y desearle lo peor, caer en depresión, hundir mi matrimonio, pensar que soy una desgraciada y que mi vida no tiene sentido después de perder todo lo que perdí, o puedo aceptar la situación que tengo delante y aprender de lo que me enseña, salir reforzada, ser resiliente, hacer mis relaciones aún más fuertes que antes, encontrar significado a lo de verdad importante y que muchas veces perdemos de vista, tocar fondo para rebotar y volver a subir.

Ante una misma situación las consecuencias de escoger un camino u otro serán completamente diferentes en tu vida. Nuestro objetivo, ese por el que estamos aquí, es que lo que pase por nosotros se transforme y si recibimos dolor, ser capaces de dar amor. La última lección y la más importante que tenemos que aprender es que el amor lo es todo, el amor lo puede todo, el amor es la razón por la que existimos y es lo único que quedará cuando nos vayamos, y, a su vez, lo único que debería quedar cuando nuestros seres queridos se marchen.

“

Mis cicatrices me recuerdan que de hecho sobreviví a mis heridas más profundas. Eso en sí mismo es un logro. Y también traen a la mente algo más. Me recuerdan que el daño que me ha infligido la vida en muchos lugares me ha hecho más fuerte y más resistente. Lo que me dolió en el pasado realmente me ha capacitado para enfrentar el presente.

STEVE GOODIER

Al final de tu vida solo tres cosas importan: lo mucho que amaste, lo bondadoso que fuiste y la facilidad con que dejaste ir lo que no era para ti.

BUDA

”

¡SACA TU RABIA!

Saca la rabia fuera, píntala, échala de tu interior y elige con qué cosas bonitas vas a llenar ese espacio que la rabia ocupaba.

Cómo afrontar el duelo

✳

El duelo es un camino, un laberinto que atravesamos cuando perdemos algo o a alguien que es importante en nuestra vida. Hay diferentes tipos de duelo: por fallecimiento, por pérdida de la relación o el objeto deseado, por cierre de una etapa… Convivimos con el duelo constantemente, desde perder un trabajo, romper una amistad, un divorcio, ver a los hijos crecer, perder una casa, decirle adiós a un sueño… Todo esto son duelos a los que debemos enfrentarnos a lo largo de la vida; sin embargo, en ningún sitio se nos prepara para ello. Este es un trabajo que debemos hacer nosotros mismos y te aseguro que puedes ganar mucha calidad de vida si aprendes a gestionar y elaborar tus duelos.

Si me preguntaran qué es el duelo por nuestros peludos, diría que es ese periodo de tiempo en el que debemos aprender a querer de otra forma. Es sufrir el dolor del desapego para llegar a saber que no hace falta ver y tocar para seguir conectados, no hacen falta los sentidos cuando tenemos a alguien en el corazón. Por supuesto que llegar a ese punto no es tarea fácil: amamos esas patitas, necesitamos tocar ese pelo y queremos seguir creando recuerdos y compartiendo

“

El duelo es un camino, un laberinto que atravesamos cuando perdemos algo o a alguien que es importante en nuestra vida.

momentos con ese ser tan especial. Sentimos que ese amor se nos escapa de las manos, aunque intentemos aferrarlo con todas nuestras fuerzas. Ese pilar de nuestra vida va esfumándose unas veces debido al tiempo, otras a una enfermedad o un accidente, y nos parte en dos el corazón.

Me encuentro con muchas personas que tienen auténtico terror a olvidar aspectos de su compañero, como su olor o su tacto; yo siempre les digo lo mismo: podrás olvidar algunas cosas de él, pero hay algo que jamás olvidarás y es cómo te hizo sentir y el amor que os teníais, y eso al final es lo único importante. Entiendo que queremos lo eterno sin darnos cuenta de que todo es efímero.

El duelo supone aceptar esta verdad universal tan escondida en nuestra sociedad occidental. Todos los que nos rodean terminarán esta experiencia física, incluso nosotros mismos, y dejaremos aquí a otros aferrándonos la mano. Pero voy a contarte un secreto: el amor que compartimos nunca se irá, seguirá vivo en los otros. Es la única huella digna de permanecer.

El duelo duele y mucho. Es casi como si lo indicara su propio nombre. Es un proceso cambiante, no estático, lo que significa que no vamos a permanecer anclados a él para siempre. El duelo y el dolor cambian, mutan, pasan por distintas fases. Un sentimiento clave que trabajo en mis acompañamientos es la esperanza, porque lo que sientes hoy quizá no lo sientas mañana o dentro de un mes. Cuando estás hundido, perdido en el pa-

> “
> *El amor que compartimos nunca se irá, seguirá vivo en los otros. Es la única huella digna de permanecer.*

sadizo del dolor, de la ira, de la negación, de la depresión o de la culpa, te parece imposible ver la salida, la luz al final del túnel. Sufrimos mucho y, lo que es peor, creemos que este dolor nunca acabará.

Vivimos el duelo como si fuera un estado permanente y no un camino cambiante. Hoy puedes encontrarte en el punto A y quizá en una semana estés en el punto B. Esto que puede parecer obvio a mí me ayudó muchísimo entenderlo. Este dolor va a pasar. Este sufrimiento tan horrible o esta tristeza tan profunda tienen fecha de caducidad, ¿sabes qué es lo único que va a quedar en tu corazón? Amor. Amor a raudales.

Si aprendes a gestionar las crisis, poco a poco irás haciendo un mapa que te servirá para cuando tengas que enfrentarte a otros duelos. Piensa que si ante un problema escondemos la cabeza, no solo el problema no va a desaparecer, sino que no vamos a aprender a gestionar los siguientes desafíos que nos lleguen en la vida. Sé que una reacción natural de las personas es huir del dolor; creemos erróneamente que el tiempo lo cura todo, que si nos escondemos el tiempo suficiente la pena desaparecerá; sin embargo, en el fondo sabemos que para curar una herida primero hay que desinfectarla, aunque escueza.

“

Este sufrimiento tan horrible o esta tristeza tan profunda tienen fecha de caducidad, ¿sabes qué es lo único que va a quedar en tu corazón? Amor. Amor a raudales.

A continuación vamos a ver, de forma bastante generalizada, distintas etapas del duelo y cómo afrontarlas, pero

¡recuerda!: hay tantos duelos como personas que los estén sufriendo. En mis acompañamientos me encuentro con que lo que a una persona la ayuda muchísimo y le hace mucho bien, a otra no le sirve para nada y al revés, así que mi consejo sería: pruébalo todo, obsérvate y conócete, date cuenta de qué ejercicios te ayudan y cuáles no, y una vez que lo tengas claro, quédate solo con las partes del libro que consideres que pueden servirte.

Etapa de la negación y la negociación

Por lo general es una de las primeras etapas del duelo. No somos capaces de aceptar la verdad de lo que ha pasado, no nos lo podemos creer, empezamos a negociar en nuestra mente con quien haga falta para cambiar el desenlace vivido y en ese momento empiezan a aparecer los pensamientos repetitivos, los famosos «¿y si...?». Analizamos la situación y empezamos a valorar todos los factores que nos han llevado al hecho tan doloroso que estamos viviendo, rememoramos lo que habríamos podido cambiar, cada paso de ese fatídico día, semana o mes. Pensamos que cambiando algún detalle podríamos haber cambiado el resultado final. Estos pensamientos nos atormentan día y noche, los rumiamos constantemente y este proceso se convierte en un círculo nocivo que nos devuelve siempre a esos últimos días, a esas últimas decisiones y a revivirlo de nuevo de forma enfermiza. Esta etapa puede durar mucho en los casos de muertes accidentales o imprevistas, y menos en animales con un proceso de muerte largo o muy ancianos. Es muy importante entender que este es el camino a la aceptación: no podemos aceptar lo que ha pasado sin antes darle todas estas vueltas para llegar a comprender que lo sucedido es lo único real, lo que ha sido y siempre será.

Podemos luchar contra los pensamientos recurrentes con los siguientes recursos.

✳ Expresar la negación

El primer paso es expresar y sentir. Como todo en el duelo, no se puede superar lo que se reprime y no se deja salir, así que hay que darles voz y compartirlos con alguien de nuestra confianza o con un profesional. Es preciso expresarlos, hablar sobre el tema y darles las vueltas necesarias para pasar esta calle del laberinto.

✳ Meditar la negación

La meditación es nuestra mejor arma para conseguir que la mente pare, para poder descansar y detener el círculo vicioso de esta clase de pensamientos, ser conscientes de que no somos nuestros pensamientos; de que esa voz que solemos oír, ese diálogo interno que nos acompaña cada día, no somos nosotros. Nuestro yo de verdad es otra cosa. Somos alma y las almas sienten. Tú eres eso que sientes dentro y que no puedes explicar con palabras; eres el sentimiento sin juicios, eres la concentración que pones en tus actos. De modo que lo que hay en tu cabeza no eres tú, es tu mente trabajando, intentando controlarte la mayoría de las veces, así que no te sientas mal si tienes pensamientos tristes o incluso algunos que puedan parecer horribles, irracionales... No importa. Lo que importa es reconocerlos y dejarlos pasar sin aferrarnos a ellos, así dejaremos de rumiarlos. Existen aplicaciones de meditación para el móvil o incluso sesiones guiadas en YouTube.

> “
> *Tú eres eso que sientes dentro y que no puedes explicar con palabras; eres el sentimiento sin juicios, eres la concentración que pones en tus actos.*

✳ No dar poder a nuestros pensamientos

La meditación verdadera no consiste solo en dejar la mente en blanco, sino en ver cómo la cruzan tus pensamientos como si fueran nubes en el cielo, sin agarrarte a ellos, solo siendo consciente de ellos, aceptándolos y dejándolos pasar para continuar con tu vida.

Voy a ponerte un ejemplo en primera persona: como ya he contado, incluso meses después de haber perdido a Oreo y a mi bebé, cuando veía embarazadas con perros pensaba «yo ahora estaría así» o «yo debería estar así». Llegué a la conclusión de que podía hacer dos cosas con esos pensamientos:

1. Aferrarme a ellos y darles importancia. «¿Por qué estoy pensando esto? ¿Estaré aún traumatizada? ¿Lo pienso porque soy masoca? Cuando vea a mi marido se lo diré, a lo que él responderá que no tengo que pensar en esas cosas. ¿Por qué él no lo piensa y yo sí? ¿Será que él no quería tanto al bebé y a Oreo como yo?» Como puedes ver, de esta forma me agarro a ese pensamiento, le doy importancia y poder sobre mí; me paso el día dándole vueltas, lo que hace que me sienta mal e incluso esté de mal humor. Le otorgo el poder de amargarme el día.
2. Veo ese pensamiento, lo reconozco y lo dejo ir. No le doy más importancia de la que tiene, que es bien poca. Me digo a mí misma que es un pensamiento normal por el que tengo que pasar; me lo manda mi mente, que no puede dejar de pensar en ningún momento: ha visto una embarazada con su perro y me ha mandado eso. Es lógico después de lo que he vivido no hace tanto tiempo; no pasa nada; no le doy importancia; no lo agarro; no me autoanalizo; no dejo que me acompañe todo el día. Lo dejo pasar de largo como si fuera una flor de loto que se lleva la corriente de un río. No le doy poder para que me arruine todo el día.

✳ Vivir en el ahora

Nuestra mente divaga en el pasado y una buena forma de vencerla es concentrarnos en el hoy, anclarnos al momento presente. Sé que esto puede parecer fácil desde fuera, pero los que lo sufrimos sabemos lo complicado que es. Algo tan simple como un olor, mirar hacia el rincón donde estaban sus cosas, un comentario, visitar ciertos sitios...; cualquier pequeño detalle hace que nuestra mente vuele al pasado y se enganche en estos pensamientos recurrentes. La mente intenta manejarnos, pero debemos ser nosotros los que la manejemos a ella, los que la utilicemos a nuestro favor para que nos ayude y nos haga la vida más fácil. Por eso siempre aconsejo retomar algún *hobbie*, alguna afición o practicar actividades que hagan que la mente esté ocupada en otras cosas para que nos resulte más fácil conducirla. Recuerda que el duelo es una balanza, un equilibrio entre conectar con el dolor y las emociones, expresarlo y vivirlo, pero también desconectar para poder descansar, darnos un respiro física, mental y espiritualmente para no caer enfermos. En esa dualidad está el equilibrio de un duelo sano. Dependiendo de la forma de ser de cada uno y del tiempo transcurrido desde el fallecimiento de nuestro peludo, es normal que la balanza esté descompensada; debemos intentar equilibrarla.

> “
> *El duelo es una balanza, un equilibrio entre conectar con el dolor y las emociones, expresarlo y vivirlo, pero también desconectar para poder descansar.*

Acompañé recientemente a una mujer que había perdido a su alma gemela, su peludita. Ella sufría muchísimo los días 9 de cada mes, ya que fue el día en que su pequeña falleció. Cada día 9 lo pasaba mirando al reloj y reviviendo una y otra vez los fatídicos momentos. ¿Os imagináis la angustia? No hace falta que puntualice que esto es algo único de nosotros, los humanos. Un animal puede sufrir y pasarlo mal un día, el día del momento presente, pero te aseguro que no lo revivirá cada mes. Después de trabajar juntas pensamos en una posible solución. Esta mujer empezó a buscar distracciones para ese día en concreto. Le gustaba mucho coser y hacer manualidades. Empezó a colaborar con protectoras, cosía cosas preciosas que luego donaba para que estas lo vendieran y ganaran algo para los peludos que estaban esperando un hogar. Poco a poco se dio cuenta de que ese día lo pasaba tan inmersa en otra actividad y tan concentrada que lo revivía menos. En lugar de tener la mente ociosa y dejar que vagara por esos sentimientos tan tristes, se centraba en otra cosa, por lo que los días 9 cada vez eran menos dolorosos. Llegó un momento en que estaba tan inmersa en su labor que cuando miró el reloj las «horas críticas» habían pasado. Este es un claro ejemplo de cómo con constancia podemos controlar la mente y ponerla a trabajar para algo bueno y constructivo en lugar de para algo destructivo. ¡Seguro que esos peludos de la protectora se lo agradecerán siempre!

Etapa de la ira

Es una etapa normal del duelo, en la que nos sentimos enfadados por lo que nos ha pasado o le ha pasado a nuestro pequeño. El enfado puede ir dirigido a una persona, como el veterinario que no pudo salvarlo, el culpable de un accidente, contra Dios, la vida, el destino o una entidad superior, y, en último caso, contra nosotros mismos por un sentimiento de culpa. No importa si la rabia está justificada o no, porque vamos a vivirla prácticamente con la misma intensidad. Muchas personas se anclan en este estado para no pasar a la etapa de la depresión. Nuestro subconsciente puede interpretar que la rabia es una especie de motor que nos empuja hacia delante, nos da fuerza y nos evita tener sentimientos peores, como la tristeza más desgarradora. Si te mantienes mucho tiempo en esa fase de rabia, deberías preguntarte qué estás evitando. Vamos a ver cómo podemos atravesar este pasadizo del laberinto del duelo:

✳ Expresar la rabia

El primer paso para gestionar la ira es expresarla. Debes sacar todo lo que llevas dentro. Una forma de hacerlo es escribir una carta a la persona o situación objeto de tu ira. No tendrás que mandarla, sino que la usarás como una vía de desahogo para sacar todo ese enfado que llevas dentro. Hay que escribir todo lo que se siente, sacar la rabia y el dolor, palabrotas e insultos incluidos; no es el momento de ser políticamente correctos. Lo ideal es escribir de forma rápida, sin pensar demasiado ni pararnos a hacer una letra bonita; escribir lo que nos salga de las entrañas. Una vez terminada, podemos leerla o compartirla con alguien cercano que nos apoye y después romperla, quemarla o tacharla, algo que la destruya por completo. Otra forma de sacar la rabia es sentarse con una almohada delante e imaginar que es el objeto de nuestra ira. Le diremos todo lo que sentimos y expresaremos nuestro enfado de la forma más cruda que podamos. Incluso podemos pegarle un par de puñetazos o probar a hacer las dos cosas a la vez: primero escribir la carta y luego leérsela al cojín como si fuera el destinatario, golpearlo si lo sientes así y después destruir la carta. Haz lo que sientas o creas que puede ayudarte más.

✳ Desactivar la rabia

El siguiente paso para enfrentar la rabia es la acción: la rabia genera una energía en nosotros, un estado de activación que podemos canalizar para sacarla fuera. Puede ser suficiente con correr unos metros; hacer una clase de boxeo o incluso coger una vajilla vieja y estrellarla contra el suelo; gritar en medio de la montaña con todas nuestras fuerzas y soltar esa presión que llevamos dentro; vaciarnos de ese enfado que necesita salir, explotar y expresarse.

✳ Sacar la rabia

Otro ejercicio que me gusta mucho es el de dibujar nuestra rabia. No se trata de hacer una obra de arte, solo de expresar artísticamente, sin palabras. No te recrees y deja que fluya. ¿Qué forma tiene? ¿De qué color es? ¿Qué sientes cuando la miras? Después puedes hacer otro dibujo con las cosas o emociones positivas con las que te gustaría llenar ese hueco que la rabia ocupaba dentro de ti y cambiar un dibujo por otro en tu interior. Mientras sientas que esa rabia ocupa un espacio en tu mente, no podrás llenar ese hueco de otras cosas, como amor, recuerdos bonitos…

Tener resentimiento es como tomar veneno y esperar que la otra persona muera: solo te estás envenenando a ti mismo. Estas herramientas para gestionar la rabia son muy poderosas, pero ello no significa que la ira vaya a desaparecer con que las hagas una vez, aunque sí irá perdiendo poder. Podemos repetir estos ejercicios tantas veces como necesitemos hasta que el resentimiento vaya desapareciendo.

“

Tener resentimiento es como tomar veneno y esperar que la otra persona muera: solo te estás envenenando a ti mismo.

Hace poco estuve trabajando en el duelo de una chica joven. Estaba convencida de que su gatito se había ido por una negligencia veterinaria, a pesar de que varios informes y otros veterinarios aseguraban que se había obrado bien y se había hecho todo lo posible por su peludo. Había denunciado a la clínica, al veterinario, a la auxiliar... Había puesto una hoja de reclamación y había inundado las redes sociales explicando su caso. Pasaba el tiempo y ella no avanzaba en el duelo, seguía sumergida en la etapa de la ira. Hablamos y le hice ver que había hecho todo lo que estaba en su mano y lo que era legalmente correcto en la situación que había vivido. Por supuesto es normal estar así y, en caso de que en realidad se trate de una negligencia, hacer lo posible para que a ningún otro animal le pase lo mismo, pero siempre dentro de las herramientas que como sociedad tenemos. La chica se pasaba los días buscando nuevas estrategias para hundir la clínica, incluso espiaba sus redes sociales para saber lo que hacían los que trabajaban allí en su vida privada. Pasaba el día pensando en lo que estarían haciendo, en lo que publicaban tanto en el perfil de la clínica como en los suyos personales; escribía mensajes privados a todos los que comentaban fotos o alababan su trabajo, y mientras, los meses iban pasando.

Un día me hizo una confesión que me sorprendió muchísimo: aún no había llorado. La rabia y el enfado eran tales que no se había permitido derrumbarse. Cada día había una noticia nueva o información a la que agarrarse para seguir enfadada e ir a por ellos, por lo que no había tenido ni tiempo para llorar a su pequeño. La verdad es que tenía miedo de que llegara ese momento, de ese dolor que para ella era un precipicio del que no sabría cómo salir, así que había optado por aferrarse a la rabia, pues sin eso no le quedaba más que la ausencia de su peludo. Esta es la muestra clara de que la rabia puede ser una tapadera para no seguir el curso natural del duelo y pasar a la etapa de la depresión.

Etapa de la depresión

Cuando nos adentramos en esta etapa la tristeza nos golpea. Nos deja sin energía, con un gran vacío interior. Hemos comprendido que dan igual las vueltas que le demos, que busquemos culpables o no, que nos enfademos con el mundo entero si queremos: nada va a devolvernos a nuestro pequeño. Algunas personas huyen de esta etapa, pues les da pánico estar tristes; sin embargo, la tristeza no va a matarnos, ¡al revés! Va a salvarnos, va a ayudarnos a elaborar un duelo sano. Lo primero que debemos hacer es darnos el permiso para estar tristes; hemos perdido una parte muy importante de nuestra vida y es normal que estemos así. Debemos concedernos el tiempo de llorar tranquilos, sin sentirnos mal o culpables por ello, solo llorar, a veces desde la desesperación, otras desde el simple desahogo. En ocasiones lloramos como si el mundo se quebrara a nuestro alrededor, otras desde la calma de saber que hoy lloramos, pero mañana será un día nuevo y estaremos mejor. Creo que cada lágrima que derramamos lleva implícito un mensaje y descifrarlo puede sernos de gran ayuda. Llorar es la limpieza del alma; de hecho, la medicina holística cree que si tus ojos no lloran, «llorará» otro órgano de tu cuerpo, o lo que es lo mismo: que ese dolor reprimido saldrá por otro lado en forma de enfermedad, úlcera, infección...

El duelo no es cíclico, tiene subidas y bajadas, como una montaña rusa. Me encuentro personas muy aturdidas que me dicen que llevaban tiempo bien y de repente han pasado un día malísimo, con muchas ganas de llorar; suele ser frecuente en los aniversarios.

> “
> *Cada lágrima que derramamos lleva implícito un mensaje y descifrarlo puede sernos de gran ayuda.*

Me cuesta trabajo que entiendan que eso está bien. Al contrario de lo que pueda parecer, no es un paso atrás, es simplemente el camino irregular del duelo. No debes considerar un mal día o un bajón como una derrota, sino como algo natural. Si tienes días buenos y no tan buenos, es que vas por el camino correcto. Vamos a ver diferentes ejercicios para lidiar con este pasadizo del laberinto...

✳ Diálogo interno

En estos momentos malos es muy importante recordar que debemos ser nuestros mejores amigos en una etapa tan difícil de la vida. Fíjate en cómo te hablas y en qué cosas te dices. Siempre debe ser desde el amor y la comprensión; recuerda que estás hablándole a la persona a la que más debes querer y cuidar del mundo: a ti. ¿No crees que nuestros maestros peludos nos enseñan ese amor puro e incondicional precisamente para que empecemos a aplicarlo en nosotros mismos? El diálogo interno que nos repetimos sin cesar tiene un poder inmenso: el de la profecía autocumplida. Si tú misma te repites que no vas a poder con esto, tienes razón. Si tú misma te repites que por muy duro que sea podrás superarlo, también tienes razón, ya que la realidad se crea antes en la mente que en el mundo físico. Imagina que ante un reto de la vida tú le repitieras a un niño que no va a poder superarlo, que no va a lograrlo, una y otra vez. ¿Qué crees que haría el niño? Ahora extrapólalo a ti misma.

> “
>
> *¿No crees que nuestros maestros peludos nos enseñan ese amor puro e incondicional precisamente para que empecemos a aplicarlo en nosotros mismos?*

Una de mis palabras mágicas es «todavía». Quizá no estés preparada todavía, a lo mejor no has conseguido superarlo todavía. Esta palabra mágica deja la puerta abierta a un futuro mucho mejor, ¿no crees?

Uno de los ejercicios que suelo proponer en esta etapa es pedir a mis dolientes que cierren los ojos y que visualicen a sus peludos frente a ellos; todo debe ser muy real, sentir que de verdad está ahí enfrente, que pueden ver cada detalle de él. Pasados unos minutos, les pido que abran los ojos y apunten los sentimientos más fuertes que han experimentado durante esos momentos. Por lo general, en esta etapa del duelo los sentimientos que más suelen nombrar son tristeza, rabia, desconsuelo, pena, añoranza, dolor...

Fijaos en que todo son sentimientos tristes, que podríamos etiquetar como «negativos». ¿Te gustaría que tu paso por este mundo se resumiera en dejar esa semilla en los demás? ¿Te gustaría que esa fuera la huella que tu peludo deja en ti? A mí rotundamente no y no pienso que ellos se lo merezcan, así que debemos tratar de cambiar eso. Después de este ejercicio siempre aconsejo repetir durante tres semanas unas sencillas frases cada día, frases muy poderosas que aprendí de mi maestra, mientras cerramos los ojos, nos concentramos y sentimos el significado de cada palabra en nuestro corazón:

(nombre del peludo)______________, *no necesito sentir*
pena, tristeza y rabia (o los sentimientos «negativos»
que nos hayan surgido en la visualización)
para seguir amándote incondicionalmente;
por eso hoy suelto toda la pena, la tristeza y la rabia.
Pero siempre seguirás en mi corazón.
Yo no puedo vivir tu vida, __________.
Solo puedo vivir mi vida
y amarte incondicionalmente.

Suelto la pena, la tristeza y la rabia,
no quiero que tú me hagas sentir eso.
Cambio esos sentimientos por
amor, felicidad y ternura,
porque esto es lo que quiero sentir
al cerrar los ojos y verte junto a mí.

✳ Sigues en mí

Trata de recolocar al que se ha ido o de darle un nuevo lugar en tu vida. Algo que produce gran dolor ante las pérdidas es pensar que nuestros pequeños ya no forman parte de nuestra vida, como si se hubieran esfumado.

Cuando empecé a estudiar hice varios cursos. Un día, durante uno de ellos, me hicieron una pregunta de esas capaces de hacerte ver una luz. Yo los llamo los «ajá *moments*», esos momentos en los que sientes una revelación, que has podido encajar una pieza que no cuadraba en el puzle; has estado dándole vueltas a algo y, de repente, de un segundo a otro, lo ves claro como el agua.

La pregunta fue la siguiente: cuando muere tu hijo, ¿muere una parte tuya con él?

Yo, por supuesto, respondí que sí con absoluta convicción. Muere tu parte de madre, es una faceta tuya que desaparece. Con nuestros peludos muere nuestra parte de mamás, tías, tatas...; muere nuestra parte de cuidadoras, de responsables. Seguiremos siendo Laura pareja, Laura hija,

Laura amiga..., pero la Laura mamá de Galo y Minnie, la Laura mamá de Oreo y de mi bebé estrella, esa ya no es y no será más.

Me sorprendió cuando quien me hizo esta pregunta me miró sonriendo y me dijo que estaba equivocada. «Una madre será siempre madre, esté su hijo vivo o no. Tú serás madre toda la vida. Siempre, hasta el día en que mueras, serás la madre de Galo y Minnie y Oreo y el bebé».

No puedo expresar lo que estas palabras significaron para mí, solo espero que puedas entenderlas y sentirlas como yo.

No se trata de olvidarlos ni de aprender a vivir sin ellos, se trata solo de reubicarlos en otro sitio. Ellos pueden y deben seguir formando parte de nuestra vida. Lo que debemos lograr no es dejar de pensar en nuestros peludos, eso sería horrible, sino saber que tienen un hueco en nuestra casa, en nuestra familia, pensar en ellos y recordarlos desde el amor. Siempre seremos su familia y ellos la tuya. Se trata de encontrar en qué parte o espacio de nuestra vida encajan y ubicarlos ahí desde la alegría y no desde el dolor. Debemos trabajar para que un día su muerte, sus últimos días, el dolor del duelo se difuminen y lo único que quede sea luz y amor. Y eso se consigue con una base de mucho agradecimiento y también con creatividad.

Te propongo que busques una forma de hacer algo especial para tu peludo. No se trata de convertir tu casa entera en un altar, eso tampoco es sano, pero sí de buscarle un espacio, el de ese ser tan especial que partió físicamente pero que siempre permanecerá en tu corazón. No está bien tener cosas suyas distribuidas por toda la casa y estar todo el día chocándote con ellas, como tampoco guardarlo o tirarlo todo, esconder sus fotos y que parezca que nunca ha existido. Ninguno de esos extremos es bueno, pues ambos son formas de negación.

Si hay algo que se te dé bien, como dibujar, hacer manualidades o decorar, puedes utilizarlo para crear su espacio. Voy a compartir contigo algunas de las cosas que he visto en mis acompañamientos; espero que te inspiren o te dé ideas para conseguir transformar esta ausencia en algo precioso que honre a tu pequeño.

N era un cachorro de golden de un añito que falleció de forma repentina por un problema cardíaco. Era un perro juguetón que tenía a su familia enamorada. Su hermanito humano le dibujó un cuadro precioso y sus papás humanos cogieron las cosas que le gustaban (un trozo de tela de su cama, un palo de los que le gustaba atrapar, un trozo de su collar, piedras bonitas, su peluche) e hicieron una especie de atrapasueños. Hace unos meses puse una foto en mi perfil. Lo ubicaron en la terraza junto con el cuadro.

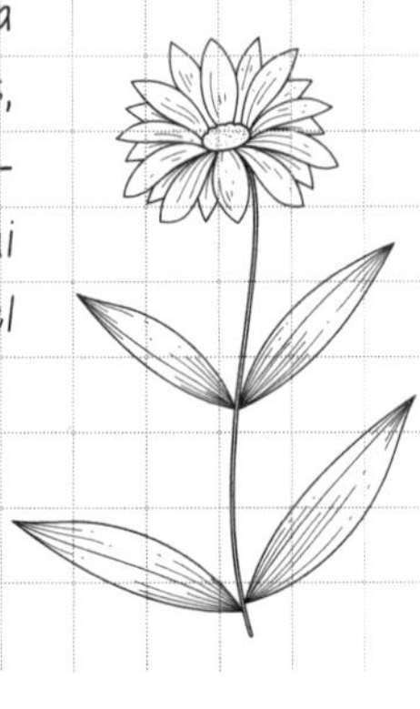

CH era un precioso guacamayo ararauna que falleció por una enfermedad respiratoria. Su papá, que había guardado algunas de las plumas que se le caían, compró un jarrón precioso que pintó con los colores de CH y lo decoró con cintas y con sus plumas.

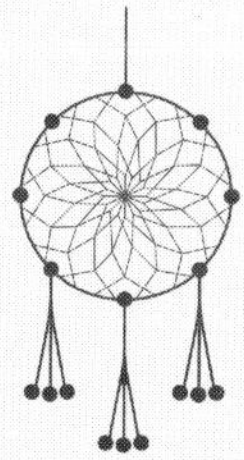

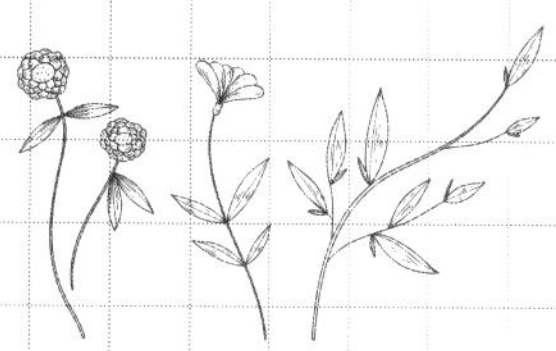

G era una perrita mestiza. Su mami lo pasó muy mal, ella falleció con quince años y justo pocas semanas después descubrió que su pareja le era infiel. Se separó y se quedó sola con una niña pequeña. Fue muy complicado, ya que tuvo que pasar dos duelos a la vez. Ella cogió un rinconcito que tenía en su casa, como un pequeño pasillo, y puso en él una mesita y un taburete. En la mesa puso una especie de cofre, una libreta pequeña y un boli, y también una foto de G. Cuando le apetecía hablar con ella, recordaba alguna de sus trastadas o simplemente la echaba de menos, se sentaba allí y era su momento. Escribía lo que sentía en el papel y lo metía en el cofre, siempre intentando enfocarlo desde el agradecimiento.

P era una gata persa. Su mamá se hizo un tatuaje precioso. Se la ve a ella sentada junto a P, que tiene una aureola de ángel; juntas, sentadas de espaldas, observan un precioso arcoíris.

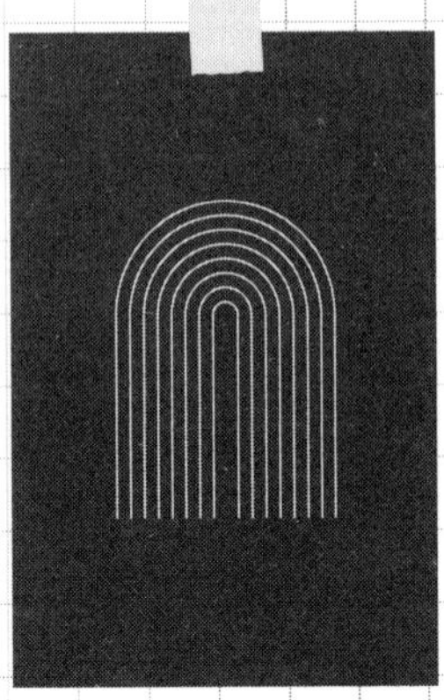

D era un gatito muy querido. Su tata le dedicó un rinconcito en su jardín, puso sus mejores fotos, cintas de colores con mensajes de amor para él, pequeñas estatuas. Además, abrió una cuenta de Instagram donde le habla y le escribe para sentirlo más cerca. Puedes verlo si buscas a @mi_voz_enoff.

E era un mestizo grande y muy especial. Su mamá hizo un cuadro en relieve de todo lo que le gustaba y algunas cosas suyas con mucha creatividad (juguetes, collares, arena de la playa a la que iban...).

M era una preciosa PPC (perro potencialmente cariñoso) que falleció cuando estaba a punto de tener un hermanito humano, así que sus papás decidieron hacer un álbum Hoffman contando su historia como si fuera un cuento, para que su nuevo hermanito pudiera conocerla cuando llegara al mundo.

Yo tengo en el recibidor de casa unos cuadritos llenos de fotos de mi familia, de la que siempre será mi familia. Las fotos están adornadas con unas guirnaldas de luz que siempre tengo encendidas, día y noche. Cada vez que salgo o entro en casa las veo y doy gracias porque esos seres tan especiales son mi familia en esta vida, porque he tenido la suerte de compartir con ellos cosas maravillosas, porque hemos podido hacernos felices mutuamente durante mucho o poco tiempo. Y siempre dejo un cuadrito de foto vacío. Si lo lleno, compro otro y lo dejo vacío para los que vendrán, para recordarme a mí misma que no debo cerrar mi corazón, que esto es un ciclo y que mi familia no ha acabado, seguirá creciendo y haciéndome feliz hasta el último día que esté aquí.

Tenemos que intentar que el rincón de nuestro pequeño sea siempre un sitio que inspire alegría, no tristeza. Por ejemplo, podemos poner sus mejores fotos, pero no la última de cuando ya estaba enfermo, o en un rincón de la casa donde era muy feliz, pero no en el que falleció. Debe ser algo hecho desde el amor y no desde el dolor, ¡recuérdalo!

Etapa de la aceptación

Cuando aceptas tu destino y el de quien se ha ido, aunque te parta el corazón, como es lógico, se acabaron las preguntas, los «y si...», las ganas de cambiar el pasado. Y eso trae una paz mental increíble. Asimilar que las cosas son como son, fluir con la corriente y no luchar contra ella. Cuando aceptas lo que ha sido, como ha sido, es lo que es y siempre será, dejas de pelear contra molinos de viento gigantes, sin duda lo más doloroso del duelo. Recuerda que dejar ir es una gran prueba de amor. Y no solo dejar ir a nuestros peludos cuando sufren, sino también dejar ir nuestras expectativas es un acto de amor hacia nosotros mismos.

Aceptamos lo que ha sido, somos conscientes de que nadie va de nuestra mano toda la vida; esto es un hecho, nos cueste más o menos asimilarlo. Empezamos a darnos cuenta de que nuestros animales han sido un premio, un regalo del destino, pero aun así nada aquí es permanente. Hemos disfrutado nuestro tiempo juntos y seguiremos disfrutando de sus recuerdos durante toda nuestra existencia, ya que ni la muerte puede quitarnos eso; ese amor, esas lecciones seguirán en nosotros. No podemos pedir la eternidad de lo físico, pero sí de lo espiritual. Somos conscientes de que el amor no depende de la ausencia o no del ser amado, el amor permanece más allá. Nos damos cuenta de que aferrarnos a un imposible solo va a dejarnos exhaustos, sin energías. Es una batalla perdida de antemano. Nuestros pequeños no son el dolor de la despedida, son el mejor regalo que hemos recibido

“

Cuando aceptas lo que ha sido, como ha sido, es lo que es y siempre será, dejas de pelear contra molinos de viento gigantes, sin duda lo más doloroso del duelo.

“

Recuerda que dejar ir es una gran prueba de amor.

el tiempo que han estado aquí. Algunas herramientas que podemos seguir poniendo en práctica en esta etapa:

* Agradecimiento

A mí el agradecimiento me ha cambiado la vida. Yo solía ser una persona muy victimista y esto, unido a mi alta sensibilidad, me hacía sufrir muchísimo. Cuando aprendes a centrarte más en lo que tienes que en lo que no e incluso a agradecer lo que has perdido por todo lo bueno que te ha dado, pasas a ver el vaso medio lleno. Sé que con un sufrimiento tan profundo y devastador como es el duelo cuesta mucho llegar a agradecer el tiempo compartido y a recordar a nuestros peludos sin lágrimas en los ojos y con una sonrisa en el corazón.

Para intentar enfocar nuestro agradecimiento, recomiendo hacer una lista de las cosas y momentos que agradecemos a nuestros ángeles de cuatro patas. De entre todos, aunque sé que es difícil, lo ideal es escoger uno, el que nos inspire mayor felicidad o el que nos haga sentir mejor. Este momento en particular va a convertirse en nuestro «momento tesoro». Cuando tengamos uno de esos días de bajón, en los que parece que volvemos atrás y sintamos que la pena se nos escapa del corazón, con pensamientos negativos o destructivos, nos agarraremos a nuestro momento tesoro y mentalmente o en voz alta agradeceremos a nuestro pequeño, a la vida o a Dios, ese momento y tantos otros compartidos. Recuerda agradecer, agradecer y agradecer. Cuanto más lo hagas más automáticamente lo practicarás después.

Es como empezar un nuevo hábito en tu vida: quizá al principio cueste mucho cambiar nuestra forma de enfocar las cosas, pero al cabo de un tiempo se convertirá en tu nueva forma de vivir que te hará disfrutar más los buenos momentos y sufrir menos en los malos. Créeme.

✳ Despedirnos de nuestro duelo

A algunas personas esto les cuesta horrores, pues creen erróneamente que terminar el duelo es dejar de querer u olvidar a su pequeño y por eso se resisten a salir del laberinto, como si el amor se pudiera medir por algo tan trivial como el tiempo de duelo de cada persona. Creo que es imposible que un ser que solo ha venido a nuestra vida a darnos amor, fidelidad, alegría, pureza y bondad quiera que su «homenaje» se base en el dolor, en hacer nuestra vida gris, en hundirnos en un duelo cronificado en el tiempo. En todo caso, creo que ellos vienen a enseñarnos unas lecciones determinadas; una forma de amar y de vivir mucho mejor, a mi parecer, que la nuestra; por eso para mí son maestros y no creo que haya mejor homenaje para un maestro que ver desde el arcoíris como sus aprendices practican sus enseñanzas y que no hacen lo contrario. El duelo y el dolor hay que pasarlos, sin duda; agarrarnos a ellos, sufrir para demostrar una especie de lealtad con los ausentes, negarnos a superarlo para «homenajear» a nuestros peludos es la forma más equivocada de demostrarles nuestro amor.

Para despedirnos de nuestro duelo lo ideal es escribirle una carta. Podemos incluso dibujarlo y ponerle nombre; en este tiempo he encontrado gente que lo ha llamado «el amargado», «el pozo», «la mancha», «el muro», «el gris»... En nuestra carta vamos a decirle todo lo que supuso en nuestra vida, lo que nos ha aportado o lo que nos ha restado, cómo influye en nosotros, cómo nos hace sentir... En fin, todo lo que queramos decirle, incluso darle las gracias por lo que nos ha enseñado si así lo sentimos. Después, vamos a despedirnos de él, porque ya no va a tener poder sobre nosotros y nuestra vida. Nuestro camino junto a él terminó y vamos a decirle que no necesitamos seguir cargando con él para sentir a nuestros peludos en el corazón. Nos ha acompañado en nuestro camino mientras nos ha hecho falta, pero ya podemos continuar solos, pues con el amor y las buenas enseñanzas que nuestros pequeños dejaron en nosotros ya no necesitamos ese dolor.

Tuve la suerte de acompañar hace tiempo a una chica muy especial. Perdió a su amor perruno y quedó devastada por su ausencia, él era su ángel de la guarda. Ella llevaba ya varios años viviendo una vida muy desordenada, con diversas adicciones, en una cuerda floja en la que el contrapeso era su perro. Él había hecho que quisiera ser mejor persona, su responsabilidad para con él le había hecho ordenar un poco su vida, tener horarios y rutinas más marcadas que la ayudaban. Pero con su pérdida sentía que podía caer en cualquier momento de su frágil equilibrio. ¿Qué haría sin él? Recapacitando objetivamente, vimos que solo tenía dos caminos frente a ella: caer en un agujero sin fondo y terminar en el «lado oscuro» que ya conocía o hacer que la partida de su pequeño la obligara a convertirse en mejor persona, en su mejor versión, lo que su peludo le estaba ayudando a ser. Después de trabajar el duelo decidió aplicar en su día a día todas las enseñanzas que su pequeño le regaló, para cambiar su vida de tal forma que él estuviera orgulloso de su mamá. Él le dio la fuerza para hacer algo de lo que ella misma no se creía capaz: volver a estudiar. Se replanteó toda su vida, a qué quería dedicarse, cuál era su propósito aquí. Empezó un camino en el apasionante mundo del autoconocimiento y la autoayuda que le sirvió para ir encauzando su camino. Fue increíble ver en primera persona cómo un mismo hecho puede ser tremendamente destructivo para alguien y espectacularmente constructivo para otra persona que ha hecho de una situación tan triste como esta su motor para superar barreras que parecían insalvables. No podemos elegir nuestras circunstancias, pero sí lo que hacemos con ellas. Cambiar el ¿por qué a mí? por el ¿para qué? Creo que su pequeño verdaderamente la salvó, así de fuerte puede ser este amor.

Hay dolores que debemos vivir, que debemos experimentar. Créeme si te digo que el tiempo por sí solo no lo cura todo, solo lo esconde, lo cicatriza pero deja la infección oculta por debajo de la piel y algún día, tarde o temprano, esa infección saldrá en forma de trauma, de mal carácter, de dolor reprimido, de desgana por la vida... Siento decirte que lo que te va a curar es el tiempo, junto con un gran trabajo interno. Este trabajo no es fácil, tendrás que ahondar en tus sentimientos y enfrentarte al dolor, a las etapas del duelo. A veces pensarás que estás removiendo tus heridas y que es mejor dejarlas como están, pero yo te aseguro que va a merecer la pena, porque llegará el día en el que podrás mirar al cielo y no sentir dolor por lo que has perdido, sino un amor inmenso, grande, incondicional... Te sentirás libre de las heridas y del sufrimiento y sabrás que eres más fuerte y tienes más herramientas para enfrentarte a lo que la vida te ponga por delante. No permitas que la huella que dejen los peludos en nuestro corazón y en nuestra vida sea de dolor, sufrimiento o tristeza, hagamos que solo dejen una cosa: AMOR en mayúsculas. Es lo que se merecen por todo lo que nos han dado. Hay una frase de Gabriel García Márquez que me encanta: «No llores porque terminó, sonríe porque sucedió».

Creo que a estas alturas todos hemos aceptado que no podemos evitar que nos pasen cosas «malas» en la vida, esto se escapa de nuestro control, pero lo que sí podemos controlar es qué hacemos con eso que nos ha pasado. ¿Lo utilizamos para ser mejores, para aprender, para crecer o lo empleamos para ser peores personas? En lugar de rezar y pedirle a Dios o a la vida que no nos pase nada, que nadie de nuestra familia muera, que no perdamos nunca el trabajo o la salud, que nunca se estropee nuestro matrimonio o una amistad especial, sería mucho más sabio, realista y coherente que pidiéramos sabiduría, resiliencia y fuerza para que seamos capaces de extraer una enseñanza de todo lo que nos pase, que nada, por muy duro que sea, nos quite el brillo del corazón y nos seque el alma, que podamos terminar nuestro viaje aquí con una sonrisa por todo y por todos los que nos llevamos en nuestro interior.

Si estás sufriendo un duelo en este momento, es porque has tenido algo en tu vida que ha merecido la pena, porque has tenido una relación mágica con un animal y has compartido muchísima felicidad con él. Quiero que sepas que eres afortunado por haber vivido esa experiencia. Hay mucha gente que nunca ha amado a un animal con todo su corazón e incluso hay personas que no sabrían hacerlo, así que eres un privilegiado. Si el duelo es el precio que pagamos por el amor, con el paso del tiempo, conforme avance tu duelo te darás cuenta de que ese precio merece la pena.

“

El desvío hacia el sufrimiento, en cambio, es la decisión de no seguir avanzando. Es una especie de pacto con la realidad, que conjuga un mayor dolor ante la posibilidad de tener que soltar lo perdido y mi deseo de no soltarlo nunca. Y entonces nos detenemos y nos apegamos a lo que se fue, instalándonos en el lugar del sufrimiento. Sufrir es cronificar el dolor. Es transformar un momento en un estado, es apegarse al recuerdo de lo que lloro para no dejar de llorarlo, para no olvidarlo, para no renunciar a eso, para no soltarlo aunque el precio sea mi sufrimiento, una misteriosa lealtad con los ausentes. Un dolor peor que el que se pretende evitar dejando ir. En este sentido el sufrimiento es siempre enfermo, como volverse adicto al malestar, como evitar lo peor eligiendo lo peor.

El dolor en cambio es silencioso, solitario, implica aceptación, estar en contacto con lo que sentimos, con la carencia y el vacío.

El sufrimiento pregunta por qué aunque sabe que ninguna respuesta lo conformará, para el dolor en cambio se acabaron las preguntas.

JORGE BUCAY

”

LISTA DE AGRADECIMIENTOS Y MOMENTOS TESORO

Deja por escrito todas aquellas cosas: enseñanzas, objetos, historias y momentos que quieras agradecer a tu peludo. Escribe para él, para que, como tú, tampoco pueda olvidar todo aquello por lo que quieres darle las gracias.

El sentimiento de culpa

El sentimiento de culpa es uno de los pasadizos más difíciles del laberinto del duelo que me encuentro en mis acompañamientos. También en los e-mails y mensajes que recibo de mis lectores sale a relucir casi siempre la culpa. La dichosa culpa, como suelo llamarla.

Creo que antes de empezar debemos saber exactamente qué es la culpa y diferenciarla del sentimiento de culpa, pues aunque nos parezcan lo mismo no lo son.

En el diccionario encontramos lo siguiente:

Culpa:
nombre femenino
Falta o delito que comete una persona **de forma voluntaria**. *El ladrón se entregó dispuesto a pagar sus culpas.*

Como puedes observar, he señalado las palabras claves. Creo que son las palabras que más se nos escapan cuando hablamos de culpa y es que, según la definición, la culpa consiste en que nosotros queremos provocar el daño. Aquí no se habla de accidente o de equivocación, sino de intencionalidad. Aún no he conocido a nadie que haya hecho algo con la intención de dañar a su peludo querido.

Por otro lado, el sentimiento de culpa se considera como una emoción «negativa». La también llamada «culpabilidad» surge ante una falta que hemos cometido o así lo creemos, ya que puede ser real o imaginaria.

Creo que empezamos a entendernos. Cuando hablamos de culpa al hablar del duelo de nuestros peludos en realidad nos referimos a un sentimiento de culpa que tenemos hacia nosotros mismos, normalmente ante una falta imaginaria o incluso un error o accidente que no estaba bajo nuestro control, pues nunca tuvimos la intención de dañar a nuestro mejor amigo.

Todas las emociones, las etiquetadas como positivas y también las negativas (aunque no existen emociones negativas como tal) tienen un poder adaptativo en nuestra vida. Sin embargo, muchas veces las emociones se vuelven contra nosotros de forma desadaptativa, lo que hace que en vez de ayudarnos a manejar una situación nos hagan todo más difícil al convertirse en fuente de desórdenes emocionales. Cuando sentimos culpabilidad ante una acción u omisión:

1. Somos nuestros propios «jueces».
2. Emitimos el «dictamen» de culpabilidad.
3. Y finalmente nos aplicamos el «castigo»: emociones desagradables.

Veamos un ejemplo:

Un hombre que pone veneno en unas salchichas y las deja en un parque con la intención de que algún animal las ingiera y muera sin duda es culpable; sin embargo, una persona que hace esto podría no tener sentimiento de culpa, ya que en su cabeza cree que se lo merecían porque odia a los animales o incluso piensa que ha hecho lo correcto porque es un sociópata sin empatía. Si tu gato tiene una enfermedad, sufre un accidente o una negligencia veterinaria y como resultado muere, tú no eres culpable, ya que no has actuado con la esperanza de que acabara así. En ningún momento has tenido esa intención y lo que experimentas es un sentimiento de culpa ante una creencia tuya, no ante un hecho objetivo. Esto es un castigo que solemos autoimponernos, que se basa en la creencia de que nosotros tenemos el control y podemos proteger de todo a los seres que amamos, incluso de una de las cosas más naturales que existen, como la muerte.

El sentimiento de culpa está muy relacionado con la infancia, con lo que nuestros padres han proyectado sobre nosotros. La culpabilidad ataca con mucha mayor fiereza a las personas con un alto grado de perfeccionismo, que, como todo en la vida, es un arma de doble filo. El perfeccionismo puede ayudarnos en muchísimos aspectos de nuestro día a día, pero llevado al extremo no solo no nos ayudará, sino que nos hará la vida más difícil.

¿Por qué una persona perfeccionista tenderá más a la culpabilidad en su duelo que una persona que no lo sea? Simple: porque esta persona no se permitirá fallar. Querrá haberlo hecho todo tan bien que ante la mínima duda se frustrará y con ello llegará el sentimiento de culpa al haber querido hacerlo todo perfecto y no haberlo conseguido. Siempre mirará atrás atormentándose por lo que pudo haber hecho mejor. Continuamente se tiene una visión del futuro o el pasado, cuando lo que en realidad importa es el momento presente, ya que el pasado es algo que no podemos cambiar y el futuro es incierto. Vivimos en un eterno aquí y ahora, pero se nos olvida muchas veces.

Los perfeccionistas adaptativos son aquellas personas que se manejan con altos niveles de exigencia, pero para los que el hecho de no ser perfectos en todo no implica un elevado coste emocional ni sufren en exceso.

Estas personas, a pesar de las adversidades, siguen luchando por sus objetivos, sin derrumbarse ni entrar en bucle. Acostumbran a aprender de los errores y se adaptan a las circunstancias; de ahí su nombre.

> “
> *Vivimos en un eterno aquí y ahora, pero se nos olvida muchas veces.*

La sociedad en la que nos hemos criado, católica en la mayoría de los casos, también contribuye a que estemos predispuestos a sentir culpabilidad incluso sobre cosas que no están bajo nuestro control o que no han sido intencionadas. El *mea culpa*, el «no tendrás pensamientos impuros» y la penitencia son conceptos muy instalados en nuestro subconsciente. Me encuentro con infinidad de personas que ante el gran dolor de perder a su peludo me preguntan: ¿por qué Dios me ha castigado?, ¿qué he hecho yo para merecer esto? Incluso en esta simple pregunta que todos podemos hacernos, si miramos con atención veremos cómo se esconde la culpabilidad: me está pasando esto porque yo he hecho algo malo, esto es un castigo a una acción mía. Si lo observamos con distancia y objetivamente, vemos que no es un pensamiento coherente, es una de esas creencias que no son reales pero que se dan en el duelo; son pensamientos sin sentido.

Como siempre, los humanos somos egocentristas incluso para algo tan natural como nacer, vivir, morir. Nos cuesta aceptar que las cosas simplemente pasan, simplemente son y que no tienen nada que ver con nosotros en la mayoría de las ocasiones.

Revertir este sentimiento de culpa es más fácil y difícil a la vez de lo que podemos imaginar *a priori*. Basta con asumir un simple dogma:

> Hice lo que pude, en aquel momento y en aquellas circunstancias. No soy Dios y no tengo superpoderes. No soy adivina, no soy omnipotente. Hice lo que pude con lo que sabía y en las circunstancias que tenía en ese momento, pensando y deseando siempre lo mejor para mi peludo.

Debemos ser conscientes de que no somos perfectos e interiorizarlo, saber que siempre hemos actuado queriendo lo mejor para nuestros peludos. Que hicimos lo que pudimos en aquel momento pasado, mientras vivíamos unas circunstancias determinadas (quizá nos faltaba información o no sabíamos la gravedad de nuestro pequeño, o nos pilló desprevenidos y no actuamos como nos habría gustado, tal vez ocurrió un accidente que nunca pudimos imaginar…). Es normal que después, con más información, pensemos que habríamos actuado de otra manera, pero en el momento en que sucedieron los hechos no la teníamos. No tenemos superpoderes y actuamos conforme al nivel de consciencia del momento en cuestión. Igual que aunque nadie puede predecir un accidente de tráfico, una vez producido este todo el mundo piensa «ojalá no le hubiera dejado conducir a él». No somos adivinos. No somos omnipotentes. Hiciste lo que pudiste con lo que sabías en aquel momento y las circunstancias que había, pensando siempre en lo mejor para tu peludo.

¿Por qué este es un sentimiento prácticamente universal en el duelo por nuestros animales?

Por un lado tiene que ver con el tipo de relación que forjamos con ellos. En la mayoría de los casos es parecida a una relación madre/padre-hijo. Nosotros somos responsables de ellos, dependen de nosotros, así que pase lo que pase siempre tenderemos a colgarnos ese peso encima, ya sea de forma objetiva o no. El sentimiento de culpa es una idea, un pensamiento que NO ES UNA REALIDAD, es algo que tú mismo te pones encima y solo tú puedes quitarte. Debemos diferenciar la responsabilidad del sentimiento de culpa. La res-

“

No somos adivinos. No somos omnipotentes.

ponsabilidad es que asumes tus acciones, pero aceptas que tienes limitaciones, que no lo sabes todo ni eres perfecto.

Somos los responsables de nuestros hijos peludos, por eso nuestro deber es cuidarlos lo mejor posible el tiempo que estén a nuestro lado. Sin embargo, como hemos visto, eso no significa ser perfectos en cada una de nuestras actuaciones a lo largo de la vida de nuestros pequeños. La clave está en tener la sensación del deber cumplido, en saber que hemos hecho siempre lo que hemos considerado mejor para ellos, que hemos dado lo que nos podíamos permitir en cada momento, en cuánto los hemos querido y en que siempre hemos actuado de buena fe. Les hemos dado un hogar, comida, paseos, amor, excursiones, juguetes... Creo que no tenemos nada que reprocharnos cuando sabemos que nuestro pequeño ha tenido una vida feliz. Aunque a muchos de nosotros nos habría gustado bajar el cielo y dárselo, os aseguro que ellos no aspiran a tanto; son mucho más humildes que nosotros y seguramente las pequeñas acciones, como un paseo o un abrazo, para ellos son mayor fuente de felicidad que comprarles el mejor y último modelo de juguete del mercado. Al final para ellos se trata del amor y no de la perfección, así que no dejemos que la culpabilidad nos ataque haciéndonos pensar que podríamos haberlo hecho mejor. Basta con mirar a tu animal a los ojos para recibir la mayor fidelidad que podemos encontrar. Para ellos hemos sido los mejores y con eso basta. Han sido felices a nuestro lado y eso no se puede empañar.

“

Basta con mirar a tu animal a los ojos para recibir la mayor fidelidad que podemos encontrar.

Traté a una chica cuyo animal había sufrido un accidente; se les cruzó un conejo en el campo y, al perseguirlo, cayó por un acantilado y falleció. Ella se culpaba de todo. Se despertaba en medio de la noche llorando y reprochándose por qué había ido aquel día al campo, por qué había soltado a su perro, por qué no había vuelto a casa antes de que esto pasara... No podía avanzar en su duelo, había quedado prisionera de la culpa. Después de hablar mucho, de analizarlo todo y de enseñarle a quererse y ser más bondadosa consigo misma, fue capaz de pronunciar las palabras mágicas, que desataron sus cadenas para que pudiera continuar su camino: «Yo nunca podría imaginarme que ese día mi perro saldría tras un conejo y caería por un barranco (acepto las situaciones que no puedo controlar), así que no fue culpa mía ir ese día al campo, ya que no podía imaginar que eso pasaría (acepto mis limitaciones)».

Si tú te encuentras en esta situación, atrapado por el sentimiento de culpa, te invito a analizar los acontecimientos y a pronunciar unas palabras mágicas, reales, lógicas y objetivas, y te darás cuenta de que no eres culpable de nada.

Debes pensar que no podemos ser perfectos, es imposible y es otro pensamiento irracional. Nunca alcanzaremos la perfección en todos y cada uno de nuestros pensamientos, actos... Somos perfectos en nuestra imperfección. Así que no te puedes exigir eso. Como ya sabes, hay mucho más sentimiento de culpa en la gente que se autoexige. Cuidaste a tu peludo lo mejor que pudiste. ¿Cometiste un error? Seguro, como todos. Yo los he cometido con mis peludos y también con mis hijos humanos.

Ahora nos remangamos y nos ponemos manos a la obra para salir de este pasaje del laberinto. Aunque no lo sientas, tienes que pensar que puedes conseguirlo; recuerda: lo físico se crea primero en la mente.

Quiero que escribas una carta a tu peludo y le pidas disculpas por lo que crees que habrías podido hacer mejor o de manera distinta. Quiero que le cuentes cómo te sientes y todo lo que quieras contarle sobre este tema. En la carta y en tu diálogo interno intenta siempre pedir disculpas, que no es lo mismo que perdón.

Perdón implica sentimiento de culpa, supone que has hecho algo mal a sabiendas. Disculpas supone que lo que pasó no es culpa tuya, pero que tal vez podrías haber reaccionado de otra manera. También te invito a cambiar la palabra «culpa» por «remordimiento». La culpa es algo mucho más inamovible que el remordimiento, tiene una connotación de autocastigo.

Tu querido animal oirá la carta, te lo aseguro, aunque sabemos que él ni siquiera consideraría que tuviera que perdonarte nada después de todo lo que le has dado. Aun así estará contigo para ayudarte a que te perdones a ti misma.

Otro ejercicio que puedes hacer es escribir una carta contándole a alguien el motivo de tu tormento, por qué sientes esta culpa que te asfixia. Después quiero que firmes la carta no con tu nombre, sino con el de una persona a la que quieras muchísimo, como tu madre, hermana o tu mejor amiga. Ahora relee la carta e imagina que es esa persona la que te la escribe porque se siente así. Respóndele para ayudarla. El 99 por ciento de las personas que han hecho este ejercicio han sido mucho más benévolas y comprensivas cuando esa carta procedía de otra persona que cuando la escribían ellas mismas. Curioso, ¿no? Te repito una vez más: sé tu mejor amigo.

> *Nadie puede dártelo, solo tú.*

La única persona que necesitas que te perdone en este estado de sentimiento de culpa eres tú mismo. Nadie puede dártelo, solo tú.

Victor Frankl dijo: «Cuando no podemos cambiar la situación, estamos desafiados a cambiarnos a nosotros mismos». Recuerda que no podemos controlar lo que nos pasa, pero sí qué hacer con eso que nos pasa. Si las situaciones son externas a nosotros no podemos hacer más que aceptarlas y centrarnos en lo que sí esté a nuestro alcance.

Puedes usar esas situaciones que escapan a tu control como un lastre, echártelas a la espalda y hundirte cada vez más en el lago de la culpa, seguir dándoles vueltas, martirizarte y flagelarte con ellas, o, por el contrario, usarlas como un globo, agarrarte a él y salir volando de este

> *¿Cómo prefieres usar tu culpa? Si tú cambias, todo cambia.*

lago, ser compasiva contigo misma, quererte, perdonarte y aceptar las situaciones externas que no dependen de ti, hacerte responsable de las que sí, sin perfeccionismo, siendo consciente de tus limitaciones. Cada bache en el camino es una herramienta que aparece en nuestra mano, tú decides qué hacer con ella, desde cavar tu propia tumba hasta construirte una fortaleza.

¿Cómo prefieres usar tu culpa? Si tú cambias, todo cambia.

“

El hombre puede medir el valor de su propia alma en la mirada agradecida que le dirija un animal al cual ha socorrido.

Platón

Deja que tus esperanzas, y no tus heridas, den forma a tu futuro.

Robert H. Schuller

”

La muerte, una asignatura pendiente

Dice Eckhart Tolle: «La muerte es un despojo de todo lo que no eres. El secreto de la vida es morir antes de morir y encontrar que la muerte no existe». Te aseguro que tiene razón; si hay dos cosas que puedo decir que han cambiado completamente mi vida han sido la gratitud y estudiar la muerte.

Aceptar la muerte ha cambiado mi forma de vivir; aunque estoy muy lejos de ser una iluminada, también estoy lejos de ser la que era. En cada muerte luchaba, agarraba, lloraba, quería retener, y claro, se me iban entre las manos; vivía la muerte con angustia, rabia y decepción. Incluso en mi trabajo como auxiliar veterinaria, cuando fallecía alguno de los pequeños que yo había luchado tanto por sacar adelante, en vez de llorar sentía rabia, ira, enfado... Me iba a pegarle patadas o puñetazos a algo, incluso antes de llorar. Para mí la muerte era perder. Era un fracaso. Veía la vida como un derecho, como una obligación del destino hacia nosotros y los que amamos; por tanto, la muerte era la privación de ese derecho. ¿Estás de acuerdo conmigo?

¿Ahora qué pasa si te digo que mires la vida como un regalo, como una experiencia, unas vacaciones, por ejemplo? ¿Es un fracaso que se terminen tus vacaciones? Pues no si las has disfrutado.

Hay cosas en la vida que simplemente son, y el problema no es que sean como son, sino nuestra resistencia a aceptarlas.

Me encuentro personas que han perdido a su peludo con diecisiete, dieciocho incluso diecinueve años y dicen que no estaban preparadas. ¿Cómo puede ser que con un animal tan longevo no te hayas hecho a la idea? Pues porque la persona no quería pensar en eso, no lo quería ver y creía que su animal nunca se iría. Aquí vemos una clara negación que al final no va a evitar que la vida siga su ciclo natural, lo único que va a evitar es que estemos preparados para lo naturalmente inevitable.

A finales de 2019 manifesté mi felicidad por la fotografía que *La Vanguardia* había elegido como la mejor del año. La foto se llama *La despedida de Max*. El fotógrafo captó el instante en el que una mujer se despide de su peludo momentos antes de practicarle la eutanasia. Es una foto muy dura, pero también emotiva y tierna, ¿por qué no? Una foto muy necesaria para tratar de dar luz a dos tabúes muy arraigados en nuestra sociedad: la muerte y el amor a los animales como a un miembro más de la familia.

“

Hay cosas en la vida que simplemente son, y el problema no es que sean como son, sino nuestra resistencia a aceptarlas.

Después de la publicación me empezaron a llover las críticas e incluso mensajes privados (esto es macabro, de mal gusto, no me interesa ver estas cosas, es una foto que puede hacernos sentir mal…), y me recriminaban que la hubiera compartido, incluso perdí muchos seguidores. Mucha gente no entendió por qué la compartía y yo no logro entender por qué no iba a hacerlo en una página que es explícitamente sobre el duelo por nuestros animales. Una gran persona, mi maestra, me dijo una frase que se me quedó grabada: «La muerte ofende». Qué sentencia tan devastadora y tan cierta a la vez.

La muerte es tan natural como la propia vida; sin embargo, mucha gente no quiere ni oír hablar de ello ni pensarlo, incluso lo alejamos lo más posible de los niños y de nosotros mismos, como si al ignorarla no existiera, como si pudiéramos sacarla de nuestro universo. Vivimos como si ni nosotros ni nuestros seres queridos fuéramos a morir nunca. Como si fuéramos inmortales.

Entonces, si una persona la hace visible y habla de ella con naturalidad, es macabra, tétrica, morbosa y resulta de mal gusto.

"

La verdad es que no estamos capacitados para afrontar la muerte, pero ¿acaso alguien nos ha preparado para ella?

La verdad es que no estamos capacitados para afrontar la muerte, pero ¿acaso alguien nos ha preparado para ella?

Creo que la muerte y el duelo son una importante asignatura pendiente en nuestra sociedad. He aprendido mucho en mis años como estudiante, cosas muy aplicables a la vida y otras que después de un examen no he vuelto a usar para nada, pero ¿por qué nadie me preparó para algo tan traumático e inevitable como perder a un ser querido? He tenido que ser yo misma la que después de tanto sufrimiento al perder a mis peludos he tenido que preocuparme de cursar esta asignatura pendiente por mi cuenta.

Además, es algo que no ha evolucionado, no ha mejorado, como tantas cosas en los últimos siglos, sino que seguramente nuestra relación con la muerte ha ido a peor, hasta el punto de que ha pasado de ser algo natural a suponernos un trauma.

En el pasado se velaba a los muertos en casa, con los niños delante; la propia familia vestía y peinaba al difunto, mientras que ahora mantenemos todo esto fuera de nuestra vista, alejamos a los niños, aunque el fallecido sea un familiar muy cercano. Quitamos la naturalidad a las cosas más inevitables y las rodeamos de un halo oscuro; convertimos algo que está intrínsecamente ligado a la vida en un tabú.

Y no es culpa nuestra, es más una cuestión cultural y de enseñanza. Imagínate que hay sociedades y culturas en las que una muerte es casi una fiesta; se alegran por el que se va y no lo ven una pérdida. La cultura oriental, por ejemplo, vive pensando en la muerte y en la no permanencia desde que son niños; es algo que se muestra, que se hace ver, que se tiene presente en el día a día. ¿Sabes cuál es el último acto de amor que llevan a cabo los budistas tibetanos después de muertos? Los cuerpos inertes se depositan en la montaña para ofrecerlos a los buitres y otros animales, los niños camino al colegio pasan cerca de estos sitios y pueden observarlo. Es el ciclo de la vida. Saben que todos los que están algún día no estarán, que el cuerpo y lo físico no es más que carne sin valor que algún día será alimento para los animales en un último acto de bondad

“

Pocas cosas hay más naturales que un parto y un funeral. Es la vida misma. Dos caras de la misma moneda.

y desapego. Sé que en nuestra sociedad esto es muy gore, pero cuando intentas deshacerte de ese halo que tenemos alrededor de nosotros, de nuestra cultura, que intenta filtrar todo lo que vemos, te das cuenta de que pocas cosas hay más naturales que un parto y un funeral. Es la vida misma. Dos caras de la misma moneda.

Ahora piensa un minuto cómo vive una gran parte de nuestra sociedad. El culto al cuerpo se ha convertido en algo tan importante que cuesta cada vez más trabajo encontrar a alguien natural que no esté operado de algo, con las cejas tatuadas, pestañas postizas... Mientras las librerías van cerrando a pasos agigantados. Porque lo de dentro no se ve, entonces no merece atención. Solo damos importancia al plano físico que es temporal y menoscabamos el plano espiritual que es el que permanece más allá. Vivimos como si no fuéramos a morir nunca, al final aparcamos lo que verdaderamente es vivir (experiencias, sabiduría, amor, momentos, recuerdos, naturaleza, descubrir y ampliar horizontes...) para poder conseguir simplemente cosas (coches, casas, móviles de último modelo, ropa de marca...). Confundimos lo secundario con lo primordial, pero es normal, porque nos han apartado la muerte de la vista, es algo muy lejano que no nos pasará o le pasará a otro, pero no a nosotros.

> “
> *La gente vive como si no fuera a morir nunca y muere sin haber vivido.*

La gente vive como si no fuera a morir nunca y muere sin haber vivido.

Espero que aprendamos que la mejor forma de vivir es ser conscientes de que nuestro tiempo aquí es finito. Si vivimos como si fuéramos inmortales, vamos a perdernos lo verdaderamente importante de la vida. Al darnos cuenta de que nuestro tiempo y el de los que amamos es limitado, damos valor a lo que de verdad lo tiene: los momentos compartidos.

Pero ¿se puede estar preparada para la muerte?

No sabría decirte si podemos estar cien por cien preparados, pero sí sé que hay una gran diferencia entre gente que no quiere ni oír hablar del tema y personas que intentan saber más para poder hacer una despedida y un duelo conscientes.

Pasar un duelo consciente engloba una serie de aspectos y un trabajo interno que cada uno debemos elaborar. No somos una parte pasiva de la ecuación; al contrario, tenemos un rol activo. Por eso comparto contigo los siguientes puntos, que pueden ayudarte en esta tarea:

No huyas de la muerte, al contrario

Intenta leer sobre ella, investiga qué hay más allá, acéptala como algo innato a la vida. Tener una opinión más positiva de la muerte supone una diferencia. Y si te informas un poco te aseguro que la tendrás. Una vez alguien me dijo: «El que busca encuentra». Y qué gran verdad es. Pero la muerte es un tema sobre el que no solemos investigar, un tema que no gusta, que produce rechazo. Nuestra relación con la muerte es como la pescadilla que se muerde la cola: nos da miedo porque estamos desinformados y estamos desinformados porque nos da miedo. Pero lo que hay que hacer cuando algo nos da miedo es precisamente saber de ello. De hecho, el miedo surge muchas veces por desconocimiento. El remedio para este miedo pasaría por que todos habláramos de ella, la tuviéramos presente y fuéramos conscientes de que está ahí tanto para los seres que amamos como para nosotros.

Yo busqué porque quise saber de la muerte y encontré mucho, muchísimo. Me animé a buscar información no solo desde la perspectiva religiosa, sino tomando la ciencia como referente, los experimentos basados en el método científico.

> “
> *Nuestra relación con la muerte es como la pescadilla que se muerde la cola: nos da miedo porque estamos desinformados y estamos desinformados porque nos da miedo.*

Así llegué a Elisabeth Kübler-Ross, psiquiatra suizo-estadounidense especializada en la muerte y en los cuidados paliativos. Esta mujer estableció las cinco etapas del duelo que se siguen considerando en la actualidad y desarrolló el protocolo de cuidados paliativos para pacientes en estado terminal. Antes a estos prácticamente se los escondía, ni siquiera los médicos querían acercarse a ellos, pues creían que los deprimían y que podían deprimir al resto de los pacientes.

Yo conocía ya muchas de sus contribuciones, pero me sorprendió saber que después de estos descubrimientos hizo otro, para ella incluso más importante. Sin embargo, no solo no se le reconoció ni se divulgó tanto como sus otras teorías, sino que acabó sus días ridiculizada por sus compañeros de profesión, los médicos.

A pesar de haber hecho un estudio usando el método científico, con más de veinte mil pacientes de todo el mundo, con la colaboración de muchos otros médicos y tras años de investigación, su trabajo fue vapuleado, ignorado en el mejor de los casos. La doctora Kübler-Ross estableció a través de sus investigaciones que hay vida después de la muerte. Incluso en su trabajo especifica las etapas y fases por las que se pasa. De ser verdad, se trataría sin duda del hallazgo más importante del siglo, pero por increíble que resulte no se habla de ello. En sus conclusiones no puede demostrar «adónde» vamos, pero en su trabajo sí nos dice que nos vamos. Que no nos morimos y se acaba, sino que emprendemos otro viaje, ¿reencarnación? ¿Cielo o infierno? ¿Otra dimensión? ¿Otros universos?

Sobre esto, no llegó a posicionarse. Pero sí quiso enseñarnos, gracias a sus experimentos, que hay algo más dentro de nosotros y que esa alma, luz, energía o como quieras llamarlo no muere, sino que se libera de una cáscara. Es como la metáfora de la mariposa: cuando muere la oruga y se hace la crisálida, al final sale la mariposa de ella, libre, con sus preciosas alas. Ella siempre sostuvo que la muerte es eso: te liberas de un cuerpo que ya no te sirve. Y ese pensamiento, a menudo, se convierte en un gran consuelo para los que nos quedamos.

La amplia bibliografía de la doctora Kübler-Ross puede ayudarte a profundizar en sus teorías.

En su investigación analizó lo que se llama ECM (experiencias cercanas a la muerte) y entrevistaba a personas que habían estado clínicamente muertas, pero a las que los médicos habían conseguido reanimar. Muchos de los entrevistados coincidían en lo mismo: primero se veían fuera del cuerpo y eran conscientes de lo que pasaba a su alrededor y después veían una especie de túnel con una luz al final. Sin embargo, pensaron que quizá lo que veían podía ser algo subconsciente condicionado por películas o por sus creencias. ¿Cómo podían comprobar que fuera algo realmente genuino y no una invención del cerebro, influido por la cultura popular y su imaginario? Haciendo el experimento con seres que no estuvieran condicionados por especulaciones o películas sobre este tema. Decidió entonces estudiar a niños que aún no sabían nada sobre la muerte ni tenían ninguna expectativa sobre ella. Sorprendentemente, estos coincidían en las mismas experiencias vividas por las personas mayores. Entonces estudiaron la posibilidad de que esta «visión» fuera una reacción del cerebro por falta de oxígeno. Ella pensó de qué forma podía probar si verdaderamente era algo en lo que el cerebro estuviera implicado o no, y llegó a un punto irrebatible cuando basó sus investigaciones en pacientes ciegos.

> “
>
> *La muerte es eso: te liberas de un cuerpo que ya no te sirve. Y ese pensamiento, a menudo, se convierte en un gran consuelo para los que nos quedamos.*

Estas personas ciegas que tenían una ECM y se veían a sí mismas fuera del cuerpo podían oír y ver todo lo que pasaba en la habitación, igual que los demás pacientes. Además, subrayó, podían ver. Podían decir de qué color era la corbata del médico que les había practicado los primeros auxilios, de qué color tenían el pelo las enfermeras, en qué posiciones se habían colocado…

Con estos estudios, Kübler-Ross buscaba probarnos que cuando morimos salimos de nuestro cuerpo y somos conscientes de todo lo que nos rodea. Y no solo eso, sino que tenemos una salud perfecta, lo que corrobora que aunque el cuerpo tenga algunas deficiencias, el alma está intacta. Además, recogió en sus investigaciones que el tiempo y el espacio son uno y no los sostienen las mismas reglas que cuando habitamos un cuerpo físico. Podemos ver capítulos de nuestra vida y somos capaces de viajar en el espacio, de tal modo que un soldado que estuvo cerca de la muerte en Afganistán a las cinco de la tarde fue capaz de viajar hasta su casa y vio a su madre preparar una tarta, y cuando volvió pudo decir incluso qué canción tarareaba su madre y de qué sabor era la tarta.

En un siguiente paso de lo que es morir o transitar (como ella lo llama a partir de ese momento) nos encontramos a «alguien», seres queridos, un guía, cualquiera que haya fallecido antes que nosotros. Increíblemente nadie ha tenido esa experiencia con una persona que estuviera viva. Si es un impulso cerebral, ¿por qué no ver a alguien aún vivo? La doctora estudió a familias que habían tenido accidentes de coche, se quedaba al lado de la cama de algún superviviente que estuviera en estado grave. Cuando los que habían tenido ECM volvieron, habían visto solo a los miembros que habían fallecido en el accidente, nunca a los que aún estaban vivos; sin embargo, el cerebro no sabía qué ocupantes del coche habían fallecido y cuáles no.

Al final nos acercamos a una luz. Una vez traspasada no se puede volver, pero en este punto aún sí. Los que vuelven cuentan que no querían hacerlo, ya que esta luz la identificaban con su casa, sentían que ese lugar era su verdadero hogar. Sentían amor, paz, los enfermos estaban sanos, los paralíticos caminaban, los ancianos se encontraban como jóvenes. Según las investigaciones de la doctora Kübler-Ross, esto se debe a que lo que somos en realidad está completamente sano, lo único que está deteriorado es el cuerpo físico, la carcasa. Es la máquina con la que hemos venido a este mundo a vivir esta experiencia, pero se queda aquí cuando nuestro verdadero ser se va.

“

Las crisis, como un duelo, son un buen momento para preguntarte cuáles son tus lecciones, tus propósitos para estar aquí.

Estos estudios se han replicado en infinidad de ocasiones con los mismos resultados. La doctora española María Isabel Heraso los ha reproducido y ha escrito el libro *Viajeros en tránsito*. Es un libro increíble que te hace ver la muerte de una forma completamente diferente. En él reproduce unas investigaciones asombrosas en las que se deja constancia de que esto que llamamos vida no es más que una experiencia. Yo opino que esto es más una práctica, que venimos aquí por una sola razón: aprender lecciones. Y las crisis, como un duelo, son un buen momento para preguntarte cuáles son tus lecciones, tus propósitos para estar aquí. No os imagináis las personas que después de superar el duelo por su peludo me piden ayuda para encauzar su vida, pues han descubierto que no quieren seguir con su trabajo o que quieren mudarse, dar un cambio radical a su manera de vivir... La muerte hace que nos replanteemos la vida.

Si validamos esta teoría no es de extrañar que el ciclo de vida de los animales sea mucho más corto que el de las personas, sin egos absurdos, amando incondicionalmente, viviendo el presente, siendo ellos mismos sin lastres ni cadenas... Seguro que necesitan mucho menos tiempo aquí que nosotros, pues ellos ya se saben perfectamente las lecciones más importantes. En todo caso, creo que vienen aquí para enseñárnoslas.

> “
> *La muerte hace que nos replanteemos la vida.*

Pero no te quedes simplemente con mis palabras; lee, investiga, ve a charlas, mira entrevistas... Te aseguro que descubrirás cosas increíbles y que cuanto más sepas de la muerte, menos miedo te dará, y cuanto menos miedo te dé, más querrás saber de ella.

Si tu peludo está enfermo, pide que te expliquen el paso a paso de su enfermedad

Vivimos las enfermedades de nuestros peludos con el mismo miedo del que hablábamos. Cuando ya no queda más que hacer por tu animal es cuando llega lo más importante: saber acompañarlo en esta última etapa y no desde el dolor, sino desde el amor y el cariño. Conocer todas las etapas por las que va a pasar te hará estar más preparado y saber con antelación qué va a necesitar para poder ayudarlo y vivir los últimos momentos pensando en su bienestar antes que en el tuyo. Es muy alarmante cuando no sabes cómo actuar esos últimos días con él, no sabes si un cambio es normal o no, llamas al veterinario cada dos por tres para preguntarle, presa del agobio... Anticípate a eso. Pide a tu veterinario que te explique el paso a paso de su enfermedad y qué debes hacer en cada una de las fases. Haz todo lo que esté en tu mano para ayudar a tu pequeño y que esté lo más cómodo posible hasta el último suspiro.

Crea un entorno tranquilo para ese momento, si puedes elegirlo

En uno de los ejercicios que hice en un curso sobre la muerte me pidieron que visualizara mi muerte, cómo me gustaría que fuera. Cerré los ojos y me vi en una casa de campo que supongo que era mía. Estaba acostada en una cama y el sol entraba por la ventana. Había un gato durmiendo encima de la cama junto a mí. En la parte baja de la casa oía el ajetreo de mis hijos, ya mayores, con sus respectivas familias; eran felices y reían mientras se preparaban para comer. Yo suspiraba feliz y me iba. Otras compañeras de la clase se visualizaban con algún familiar cogiéndoles la mano. Sin embargo, ninguna quiso ver en su muerte a su familia llorando desgarrada de dolor, sino más bien con alguna lágrima de agradecimiento. Es mejor que el peludo trascienda en su casa (en caso de eutanasia se puede proponer al veterinario que acuda al domicilio a realizarla allí), tranquilo, en un ambiente basado siempre en el agradecimiento, con música tranquila o luz tenue, rodeado de los que lo quieren. ¿No te gustaría a ti irte así si pudieras elegir?

Quizá algunos animales prefieran esconderse para morir; en ese caso, si verdaderamente quieres acompañarlo con el foco puesto en él y no en ti, lo mejor es respetarlo. Incluso puedes construirle un refugio con una sábana y un par de sillas, para que pueda estar dentro, como si de una cabaña se tratara; en ella se sentirá seguro y en paz.

“

¿No te gustaría a ti irte así si pudieras elegir?

Las mejores palabras que puedes decirle en esos momentos son de agradecimiento, de amor, hablarle con un tono de voz tranquilo y dejar que se vaya en paz.

¿Y qué pasa si no puedes elegirlo? Te creas unas expectativas de que vas a despedirte de un animal de una forma determinada o de que vas a hacer esto o esto otro, y luego te encuentras con una despedida que no es la que habrías querido o incluso con que no hay despedida porque tu peludo fallece en un accidente o durante una operación, o simplemente no estás en casa cuando sucede. Solemos generar mucha tensión emocional porque las cosas no han sido como queríamos y esto es un lastre más en el duelo. Tendremos que dejar ir las expectativas y aceptar la vida como venga, fluir y ser conscientes de que la despedida que hemos tenido es la que es, la que nuestro peludo seguramente necesitaba para trascender, para salir de su crisálida. Ese momento no es justo o injusto, no se va a amoldar a nuestros planes. Simplemente es. Es el momento que estaba escrito y la forma que estaba prevista. Quizá no es la muerte que habrías imaginado para él, pero es la muerte que él debía vivir. Además, como he explicado en el punto anterior, una vez que salimos de nuestro cuerpo físico, las leyes del universo cambian para nuestra alma. ¿Recuerdas al soldado que tuvo una ECM en Afganistán y volvió a su casa en apenas segundos? Pues no te preocupes por tu peludo porque ha podido ir donde ha querido y en el momento en el que lo ha deseado antes de partir. Ocúpate de aceptar las circunstancias que han envuelto esa despedida que no ha sido como esperabas y deja ir ese duelo también.

> "
> *Quizá no es la muerte que habrías imaginado para él, pero es la muerte que él debía vivir.*

Acepta que la vida es un viaje y que cada uno tiene el suyo y su propia historia

Al final nuestras parejas, nuestros hijos y nuestros peludos son solo un préstamo. Todos estamos de paso. Todos venimos solos y, normalmente, nos vamos solos. Nadie es nuestro ni nosotros somos propiedad de nadie; cada uno tenemos nuestras lecciones que aprender y nuestros motivos para estar aquí. Perderemos a los seres que queremos y seremos la pérdida de otros a la vez.

Valora lo verdaderamente importante

Hay amantes de los animales que me escriben muy apesadumbrados, pues tienen tanto miedo al fallecimiento de su peludo que no pueden tener felicidad plena. Sienten cómo esa sombra se cierne sobre ellos incluso cuando sus animales son jóvenes y están sanos. Esto me recuerda a una viñeta que vi una vez sobre la felicidad de los animales; los humanos deberíamos tomar nota de ella. En esta viñeta se veía a una mujer y un perro sentados de espaldas juntos en un parque. Mientras la mujer pensaba en infinidad de cosas que le salían de la cabeza, el perro solo pensaba en una y era en esa mujer y él sentados en el parque. Esto representa la manera en que los animales viven en el momento presente mientras nosotros siempre estamos divagando entre el pasado y el futuro.

Cuando estas personas me preguntan qué deben hacer con ese gran miedo a la muerte de sus peludos, que no les deja disfrutar de ellos, yo les digo que deben ocuparse de ello y no preocuparse por ello. Cuando nos preocupamos por algo le damos mil vueltas, pero muchas veces no llegamos a nada, no tomamos cartas en el asunto y somos elementos pasivos; en cambio, cuando nos ocupamos de algo, buscamos una solución, cogemos las riendas y nos ponemos manos a la obra para ser proactivos y solucionar eso que nos aflige.

Es preciso prepararse para afrontar un duelo, pero hay que disfrutar de la compañía de los animales mientras estén aquí, porque ahora es el momento de crear nuestros momentos tesoro, de vivir todo lo que queremos vivir junto a ellos, de crear esos instantes mágicos que atesoraremos en nuestro corazón. Esto se consigue practicando la atención plena, o lo que es lo mismo, viviendo el presente. Uno de los hábitos que suelo recomendar es que prueben a bloquear las llamadas y los mensajes cuando salgan a pasear a su peludo o incluso que salgan sin móvil de casa. Que intenten frenar el torrente de pensamientos y que disfruten simplemente del sol, del viento y la compañía más sincera que se puede tener al lado, la de su animal. En resumen, que practiquen la atención plena para vivir el momento presente.

A nosotros, los humanos, nos gustaría salvar de la muerte a nuestros peludos, pero la verdad es que son ellos los que nos salvan a nosotros. Nos salvan enseñándonos la forma correcta de vivir y también la forma correcta de morir, aceptando la vida tal y como es y asumiendo la muerte tal y como es.

Puedo asegurar que es mucho mejor vivir una muerte desde la serenidad y la aceptación, amando en vez de luchando, vivir un duelo con amor y esperanza en vez de hacerlo desde la desesperación. La opinión que tenemos de la muerte lo cambia todo, así que debemos trabajar para tener una opinión lo más acertada y positiva posible. Por desgracia, nadie nos enseña a hacer esto, por lo que se aprende generalmente con mucho dolor, con tiempo y tras varias caídas, así que es normal que muchas de las muertes que hemos sufrido no las hayamos vivido así. ¡Ojalá hubiéramos sabido entonces todo lo que sabemos ahora!

Hay que pensar, una vez más, que en su momento hicimos lo que pudimos, lo mejor que supimos y con las herramientas que teníamos, y no hay por qué sentirnos culpables por cómo transcurrieron las cosas. A partir de ahora, llevaremos a la práctica todo lo que hemos aprendido.

“

La opinión que tenemos de la muerte lo cambia todo, así que debemos trabajar para tener una opinión lo más acertada y positiva posible.

El amor no termina con la muerte, permanece más allá de esta; el amor siempre vive mientras uno de esos corazones conectados siga latiendo. La muerte no es más que un cambio del amor renovándose en otro lugar, por eso el amor es lo más importante; en realidad, es lo que queda cuando nuestro paso por aquí termina.

“

La desaparición del otro, que uno asocia con la muerte, solamente puede ser vivida así si uno no puede interiorizar a los que ha perdido. Si uno se anima, entonces la muerte es una gran farsante. Puede llevarse algunas cosas del ser que amamos. Pero no pueden robármelo porque de alguna manera ese otro sigue estando adentro mío.

JORGE BUCAY

”

Deysi y la aceptación

✳

¡Qué difícil es prepararse para la muerte de nuestros peludos! Mucha gente diría que es imposible, pero tengo que asegurarte que no es así.

Quizá alguien piense que es descabellado hacer esta afirmación, pero tengo que recalcarla desde mi propia experiencia y decirte que yo he vivido las dos clases de despedidas: las conscientes o preparadas y las inconscientes o con resistencia.

Creo que la muerte, y también la vida, pueden afrontarse de estas dos formas distintas; una desde la lucha (resistencia) y otra desde la aceptación (consciencia), aunque quiero puntualizar que la aceptación no significa la ausencia de lucha por lo que nosotros deseamos, sino que aceptaremos el resultado final, sea el que queremos o no.

Tú puedes luchar por esa relación, puedes luchar por alargar la vida de tu peludo, por intentar salvarlo y hacer todo lo que esté en tu mano para ello, pero al final del camino aceptaremos el resultado que obtengamos y fluiremos con la vida. Tengamos en cuenta que aceptar y fluir no significa que no nos vaya a doler. El dolor y el duelo son procesos naturales que es preciso pasar para gestionar la pérdida, pero

> “
> *Tengamos en cuenta que aceptar y fluir no significa que no nos vaya a doler.*

si nos resistimos no solo vamos a pasar por el dolor (inevitable), sino también por el sufrimiento (opcional). Cuanto menos aceptemos la realidad y más nos resistamos a ella, más sufrimiento estaremos añadiendo al dolor por el que debemos pasar y, por lo tanto, más nos costará elaborar el duelo.

Cuando hacemos afirmaciones como «yo no voy a permitir esto», «esto no puede pasar» o «no voy a dejar que esto suceda», en el fondo lo que nos estamos diciendo a nosotros mismos es que cerramos la puerta a las posibilidades de la vida y si llega un desenlace que no es el que queremos nos negamos a aceptarlo porque ya nos habíamos autoconvencido de que eso no iba a pasar, como si fuésemos dioses que pudiéramos elegir nuestro destino. En cambio, cuando tú vives los golpes de la vida desde un punto opuesto y diciéndote a ti mismo: «vamos a hacer todo lo que esté en nuestra mano y llegaremos hasta donde tengamos que llegar», pasamos a aceptar lo que la vida nos ponga por delante y nos preparamos para todo, abiertos a todas las posibilidades. Aquí si nuestro animal se cura o mejora y podemos disfrutar un tiempo más junto a él, estaremos felices y veremos ese tiempo como un regalo; si nuestro animal fallece, estaremos más preparados psicológicamente que si ya desde el principio nos hemos negado a aceptar esta posibilidad. Sabremos que hemos hecho lo posible por él y aceptaremos que la vida es bella, no fácil. Asumiremos nuestra nueva

“

Podemos luchar contra una enfermedad, contra la vejez o contra un accidente, pero no podemos luchar con lo que ya es.

realidad con dolor, pero sin resistencia, sin sufrimiento adicional.

Podemos luchar contra una enfermedad, contra la vejez o contra un accidente, pero no podemos luchar con lo que ya es. Cuando luchamos contra algo que ya ha pasado, lo único que estamos haciendo es nadar a contracorriente. Vamos a acabar exhaustos y llenos de heridas, pero no vamos a conseguir cambiar nada; vamos a retrasar nuestro duelo y a estar más tiempo en el laberinto que una persona resiliente con más capacidad de aceptación.

> “
> *Cuando luchamos contra algo que ya ha pasado, lo único que estamos haciendo es nadar a contracorriente.*

No podía escribir esto en mejor momento (o peor, según se mire), ya que ahora mismo me encuentro viviendo el duelo anticipado ante la inminente partida de mi gatita Deysi.

Mi gathija lleva conmigo nueve años y medio. La rescaté de la calle cuando ya era adulta y me la llevé a casa para que pasara un tiempo mientras encontraba una familia para ella, pero eso nunca ocurrió. Pasó de ser «la gatita que tomaba el sol» a ser uno de los amores de mi vida.

Te explico: en esos momentos yo trabajaba en el centro de Alicante, un sitio complicado para aparcar a no ser que tengas plaza de garaje. Como no era mi caso, dejaba el coche en un descampado que había cerca de las vías del tren y llegaba andando al trabajo. Allí había una colonia de gatos controlada, me di cuenta porque algunos gatos tenían la característica marca en la oreja de que estaban esterilizados. Cada mañana, al ir a trabajar, veía una gatita que se ponía en una esquina. Me llamaba la atención que se pusiera de cara a la pared, como si no quisiera estar allí. Pasaba en esa esquina todo el tiempo que duraba un tímido rayo de sol que se colaba entre los edificios. Me acercaba a ella y le hacía una caricia; era muy cariñosa y confiada, la saludaba mentalmente (buenos días, gatita que toma el sol) y seguía rumbo a mi día a día.

Una tarde, al ir a por el coche encontré bastante revuelo en el descampado; varias personas se amontonaban cerca de las vías, ya sabes que la vida en una colonia de gatos nunca es segura. Por increíble que parezca, alguna persona (por nombrarla de algún modo) encontró gracioso atar varios gatos a las vías del tren para que este al pasar los destrozara. Y no había parado ahí, sino que seguía intentándolo. Aunque algunos se habían salvado, otros no tuvieron esa suerte. Una de las que habían visto a tiempo era la gatita que tomaba el sol. Era tan extremadamente buena y dulce que no tardarían en volver a cogerla si así lo querían. Al contrario que otros gatos más escurridizos, ella disfrutaba de la gente, los saludaba y se dejaba acariciar por cualquiera, un gran problema si vives en la calle, donde cualquier monstruo puede ponerte la mano encima. Me ofrecí a llevarla a mi casa y buscarle un nuevo hogar para salvarla de ese peligro y de tantos otros que los gatitos callejeros deben solventar. La esperanza de vida de un gato callejero varía entre los dos y los seis años, mientras que los domésticos doblan esa cifra y llegan a los doce de promedio, aunque pueden incluso alcanzar los veinte años. Las enfermedades, las inclemencias climáticas, la desnutrición, los accidentes y la crueldad humana hacen que la vida en la calle esté plagada de peligros para ellos.

Una amiga se ofreció a pagar su primera visita al veterinario y yo le ofrecí que fuera ella la que le pusiera un nombre. Me dijo que como ya tenía una perra que se llamaba Minnie, para seguir con el hilo Disney la gatita podía llamarse Deysi, en homenaje a la patita Daisy. Y así fue. La gatita que tomaba el sol se convirtió en Deysi. Mi Deysi, mi hija. Qué curiosa es la vida y los hilos invisibles que nos unen, ¿verdad?

Así que de la noche a la mañana yo, que me autodefinía como «más de perros que de gatos», me vi perdidamente enamorada de esta pequeña. Es el primer gato de mi vida y hasta ahora el único; a veces incluso creo que es un perro. Quizá haber vivido tantos años con Galo y Minnie le hizo pensar que era uno de ellos... Deysi viene corriendo a la puerta a recibirte cuando oye las llaves, quiere mimos continuamente, dormir en la cama con alguien, tumbarse contigo en el sofá a ver la tele... Si algo le encanta a Deysi es el sol y el calor, cualquier rayito de sol es bueno para tumbarse, le gusta ponerse cerca de la chimenea cuando llega el invierno o esconderse bajo el edredón de la cama. Pero si hay algo que le encanta a Deysi, más que nada en el mundo, es mi hijo.

Recuerdo las preguntas más repetidas durante el embarazo de mi primer hijo: ¿Qué vas a hacer con el gato? ¿Qué vas a hacer con él cuando nazca el bebé? ¿No te da miedo que lo arañe? ¿No te da miedo que se le ponga encima y lo ahogue? Me ha dicho mi médico que si estás embarazada no puedes convivir con un gato porque te pega no sé qué enfermedad... No pocas personas me hicieron estas preguntas durante esos nueve meses y por alguna razón que no logro entender nadie me las hizo refiriéndose a mis perros, sino principalmente a mi gata.

Yo siempre respondía lo mismo: no os preocupéis, ya tengo pensado qué voy a hacer con la gata. Voy a dejar que se acerque a mi hijo todo lo que quiera, voy a enseñarle que es uno más de nuestra manada familiar, la dejaré dormir con él y estar en su habitación siempre que quiera, enseñaré a mi hijo de qué forma hay que tratar a los animales y cómo debe relacionarse con ellos, mi gata le pondrá sus propios límites (aunque debo reconoceros que han sido bien pocos) y él aprenderá hasta dónde debe llegar, les dejaré besarse, abrazarse, dormir y jugar juntos. Mi hijo crecerá con ella, siempre tendrá una amistad incondicional que le enseñará muchas cosas, como a darse besos ásperos, a trepar a los sitios, a jugar con un simple cordón o lo a gusto que se está junto al fuego. Será su mejor amiga y aprenderá a amar a los animales gracias a ella, porque será tanto el amor que sientan el uno por el otro que la especie no será ninguna barrera para ellos.

Y así ha sido.

Cuando estaba embarazada, Deysi dormía sobre mi barriga mientras ronroneaba como si supiera que había alguien ahí e intentara comunicarse con él; quería, con su ronroneo amoroso, decirle que lo quería y que lo estaba esperando fuera.

Aun así me sorprendió, ya que cuando Neizan nació, nunca más pude despegarla de su lado, incluso pasó de dormir conmigo a dormir con él.

Cuando pienso en toda esa gente que ante la llegada de un bebé lo primero que hace es deshacerse del gato, no sé si me dan más rabia o pena. Pena por todo lo que se están perdiendo. Os aseguro que la relación que tienen mis dos peques es mágica. Una vez le pregunté a mi hijo qué quería que le regalara por su cumpleaños, tendría unos tres o cuatro años, y él respondió que quería que le regalara a Deysi. Yo le dije que Deysi era nuestra, que era su hermana peluda, pero él insistía en que quería que se la regalara, así que le dije que estaba de acuerdo, que se la regalaba, y a partir de ese día mi hijo siempre la llamó «mi tesorito». Para él era lo más valioso que tenía. Pienso firmemente que ellos dos tienen una de las relaciones más bonitas y especiales que he visto y estoy feliz de haberlos dejado ser, crecer y crear juntos.

Nuestra gatita nunca ha estado enferma, siempre he tenido la intuición de que sería una peluda que viviría muchísimo y que moriría cuando ya fuera muy viejita. Me parecía un hueso duro de roer, nunca necesitó cuidados especiales, quizá por ser una gata que había crecido en la calle o por no ser de una raza en particular. Hace un mes aproximadamente empecé a notar un comportamiento extraño en ella, quizá otra persona no se habría alarmado, pero yo soy bastante exagerada con mis hijos. Noté que se ponía a dormir en sitios raros en los que nunca había estado, ella que es una gata muy de costumbres. La señal de alarma sonó cuando la encontré durmiendo sobre su arenero; Deysi, que es tan limpia, solo lo pisaba para hacer sus necesidades y salía corriendo de allí, así que rápidamente la llevé al veterinario. Allí le dieron un antibiótico y un antiinflamatorio, ya que pensaron que podía tener cistitis, y me dijeron que esperara dos días a ver si mejoraba, pero en esos dos días no solo no mejoró, sino que me di cuenta de que había dejado de comer. Volvimos al veterinario, que pensó que podía ser una obstrucción por bolas de pelo, así que le hizo algunas pruebas, como analítica y ecografía. La analítica en un principio salió bien, sin embargo en la ecografía se vio un tumor en el tracto digestivo. Cuando me lo dijeron me pareció imposible, ¡si hasta hacía unos días estaba perfectamente! Me avisaron de que tenía mala pinta y de que harían una biopsia para tener más información, pero ahí estaba yo, de pie y embarazada de seis meses, en medio de la consulta del veterinario con el corazón roto, en *shock*; no me lo podía creer.

La vida siempre nos sorprende, algunas veces para bien, otras para mal. Mi quinto duelo en cuatro años, otra vez estando embarazada. Sentí ganas de tirarme al suelo como una niña pequeña, de llorar y patalear, de volver a mi antiguo yo. Sentía que estaba reviviendo una pesadilla ya vivida. «¿Por qué me pasa esto a mí? Otra vez no, no puede ser que tenga tan mala suerte, que la vida me castigue así de nuevo…»

Pasé unos días llorando, estaba hundida, pero también tenía esperanza, y pensaba que quizá no era un cáncer tan agresivo. De nuevo aparecía la negación, creía que no podía ser, aunque no pude mantenerme mucho en esa fase, ya que ver el plato de comida de Deysi siempre lleno me hacía volver al presente rápidamente. No comía y eso me agobiaba enormemente;

“

La vida siempre nos sorprende, algunas veces para bien, otras para mal.

incluso soñaba que me despertaba por la mañana y veía el plato vacío, pero por desgracia cada día me topaba con la realidad. Empecé a probar toda clase de comidas, piensos, latas, sobres e incluso nuestra comida; le daba berberechos, langostinos, sardinas, truchas... Los primeros días parecía que algunas cosas sí que le llamaban más la atención que otras, pero poco a poco dejó de comer del todo. Mientras tanto, la biopsia confirmó la sospecha del veterinario: era un tumor, un cáncer maligno sin curación. No obstante, muchos gatos reaccionaban bien a la quimioterapia, y quizá podría vivir entre uno y dos años más con una buena calidad de vida. Después de haberme dicho unos dos meses en un primer diagnóstico, esos dos años que me ofrecían me parecieron un regalo divino.

Empezamos con la medicación; sin embargo, la semana siguiente Deysi estaba cada vez peor. Seguía sin comer, cada vez más débil. La forzamos a comer con una jeringuilla, lo que le hacía pasar unos ratos muy estresantes. Yo solo podía acercarme a ella con guantes, mascarilla y una ropa especial, ya que la quimioterapia era muy peligrosa para mi bebé. Imagínate lo duro que es saber que tu peluda está muy enferma y sentir que no puedes tocarla libremente o abrazarla, quizá despedirte de ella el poco tiempo que os queda. Lo único que podía hacer era sentarme en la escalera donde ella había decidido estar, con los guantes y la mascarilla. Simplemente me sentaba en silencio y la miraba para que ella supiera que estaba allí, a su lado.

Pasaron tres semanas y el tratamiento no funcionaba, estaba claro que ese veterinario no podía hacer más por ella, así que decidimos pedir una segunda opinión a un veterinario especializado en ese tipo de enfermedad. Nunca tengas miedo de pedir una segunda opinión; te aseguro que es mejor pedirla a tiempo que quedarte durante el duelo atrapado en esa fase de «¿y si lo hubiera llevado a otro veterinario?». Así que mi recomendación es que pidas las opiniones que necesites para sentirte en paz contigo mismo. Este segundo profesional nos aconsejó otro tipo de quimioterapia, una menos tóxica para mí y más fuerte para ella, ya que la actual no estaba dando resultados y la gatita se estaba consumiendo por días. No teníamos mucho más margen de tiempo para intentar otra cosa.

Dos veterinarios que no se conocían de nada empezaron a trabajar juntos con el único objetivo de salvar a Deysi; nunca podré agradecer lo suficiente a Pedro y Bea, del centro veterinario Vistahermosa de Alicante, y a Esmeralda, del consultorio veterinario Mascota de Onil, que aunaran fuerzas por mi pequeña. Nosotros seguimos luchando y esperando que el cáncer nos diera una tregua, por lo menos de un año, para poder hacernos a la idea, mimarla más que nunca, brindarle una despedida como ella se merecía, conocer al nuevo bebé, mi hijo, que llegaría al mundo en solo unos meses... ¡Cuántas noches me encontré suplicando que por lo menos pudiera conocer a mi bebé! Pero ya sabes que la vida no es justa, la vida simplemente es...

Me dolió mucho la forma en la que tuve que despedirme de mi gathija, sin poder tocarla sin guantes, sin poder besarla más que a través de una fría mascarilla. En la vida no todo sale como nosotros planeamos. Yo tenía unas expectativas acerca de cómo sería nuestra despedida que no pudieron cumplirse, pero la vida hay que aceptarla como viene. Es duro decir adiós a lo que amamos y muy duro no poder hacerlo de la forma deseada, pero aun así sé que este hecho no borra esos nueve años y medio compartidos. En mi mano está darle más peso a una cosa que a otra: ¿a esos últimos momentos o a todos nuestros años juntas?

«Aceptación», qué palabra más difícil y liberadora a la vez. Qué diferencia al enfrentarme a las primeras despedidas de mis peludos desde la lucha, cuando tardaba meses y años en procesar lo que había pasado, cuando lo negaba una y mil veces y la rabia se apoderaba de mí, cuando vivía la muerte como un punto final. Qué diferencia al enfrentarme a la muerte de Deysi desde la aceptación, estando preparada para todo, luchando por ella, pero abierta a todos los desenlaces posibles, sabiendo que la muerte solo es un punto y aparte. Pasar por las fases del duelo en días en lugar de en meses, procesar la pérdida con dolor, pero sin sufrimiento añadido.

> “
> *En mi mano está darle más peso a una cosa que a otra: ¿a esos últimos momentos o a todos nuestros años juntas?*

Aquí entramos en el laberinto del duelo, en gestionar esa pérdida, en el trabajo en esa parte o partes más dolorosas para nosotros, un trabajo que se basa en desprenderse del dolor para que solo el amor permanezca. Porque cuando cierro los ojos no quiero que la imagen que me venga a la cabeza sea la de Deysi enferma, débil, metida en un transportín con la mirada perdida. No. Voy a luchar para, al cerrar los ojos, ver a Deysi durmiendo en la cama con mi hijo, con la patita sobre su mano, como solían dormir; Deysi maullando feliz al recibirnos en la puerta de casa; Deysi acurrucada disfrutando de la chimenea; Deysi juguetona peleándose con una cinta que movíamos frente a ella; Deysi llena de amor en mis brazos mientras amamantaba a mi hijo. Esa es la vida de Deysi, de la verdadera; a ella es a la que quiero tener en mi corazón para siempre.

“

¿Qué mayor regalo que el amor de un gato?

CHARLES DICKENS

El paraíso jamás será paraíso a no ser que mis gatos estén ahí esperándome.

GUILLERMO DE AQUITANIA

”

Historia de un ángel de cuatro patas

*

Había un ángel que siempre cuidaba a su humana. Intentaba, con su mano invisible, darle las herramientas y señales para que los males fueran menos malos, cuidarla y hacerle pequeños guiños que pasaban inadvertidos para ella. Los humanos viven tan atareados en su vida terrenal que muchas veces no son capaces de ver las señales, aunque las tengan ante sus narices. El ángel la veía perfecta en cada una de sus imperfecciones y la amaba con todo su ser, por eso siempre intentaba ayudarla, aunque la humana nunca se daba cuenta de que era así. Ella no veía que los males habían sido menos malos, solo veía que le pasaban cosas que no quería y se enfadaba y se ponía muy triste. Un día el ángel, como podía ver el futuro, se percató de que a su humana se le avecinaban una serie de crisis que debía experimentar en su vida (enfermedad, divorcio, duelo, estrés, ansiedad...). El pobre angelito se puso muy nervioso pensando qué podía hacer él para ayudar a su humana con lo que se le venía encima. No dejaba de dar vueltas, pero no se le ocurría nada; hiciera lo que hiciera, ella no lo percibiría y no se percataría de hasta qué punto él la amaba de forma incondicional. Por desgracia, los ángeles no pueden cambiar el futuro, solo intuirlo. Después de mucho pensar, se decidió a ir a hablar con el señor Destino:

—Oye, Destino, no quiero que le mandes esas crisis a mi humana, no quiero que sufra y lo pase mal —sentenció.

—La vida es así, los humanos bajan a la Tierra a aprender lecciones y algunas vienen disfrazadas en forma de crisis. Cada una de las experiencias que viven los humanos, las bonitas y las tristes, les enseñan lecciones valiosas si son capaces de aprenderlas y así pueden ir escalando en su nivel de conciencia —respondió el Destino.

El ángel meditó durante unos minutos:

—Pues entonces yo quiero bajar a la Tierra a ayudarla. No se da cuenta de todo lo que hago por ella desde aquí, quiero estar allí físicamente con ella para que sienta todo el amor del que es digna y sepa que estoy siempre a su lado —dijo el ángel.

—Puedes visitar la Tierra si así lo deseas, pero recuerda que nosotros allí tenemos un tiempo limitado y es más corto que el de los humanos. Además, vosotros, los ángeles, tenéis menos lecciones para aprender que ellos; podéis hablar sin palabras, sentir desde el alma y no desde la cabeza; sois fieles, sin egos absurdos, sin avaricia y conocéis el verdadero significado del amor incondicional, así como vivir solo en el presente. No necesitáis toda una vida de aprendizaje. Podrás ir a ayudarla unos años, después volverás y seguirás tu trabajo aquí.

El ángel bajó a la Tierra en su forma peluda de perro (aunque los ángeles pueden adoptar muchas otras formas animales) y por fin pudo conocer a su humana físicamente, ¡qué alegría más grande! Era incapaz de dejar de mover la colita cada vez que la veía de la emoción que sentía. Los ángeles viven cada momento como si fuera el primero y el último a la vez, nunca dan nada por sentado y nunca llegan tarde, ya que siempre viven en el hoy. Así estuvo el ángel durante algunos años cerca de su humana, viviendo el tiempo que se le había dado para visitar la Tierra, ayudándola a superar las crisis simplemente sentándose a su lado en silencio o apoyando la cabeza peluda en ella. Cuando alguien sufre no necesita una mente brillante que le hable, solo un corazón paciente que lo escuche. El ángel seguía cuidándola como siempre había hecho, dándole amor incondicional, gratitud, fidelidad y lealtad, pero ahora además podían disfrutar de risas, juegos, compañía, ir juntos a pasear o a ver un atardecer, sentarse en el sofá abrazados un día de lluvia. Para el ángel cada momento era único y mágico, y los disfrutó por encima de todas las cosas, y lo que era mejor... ¡por fin su humana se daba cuenta de lo que hacía por ella!

Conectaron de una forma muy especial, aunque había algunas cosas que el ángel no entendía. ¿Por qué los humanos tenían un bebedero gigante llamado «váter» y no le dejaban beber en él? ¿Por qué no disfrutaban del enorme placer de oler el trasero a sus amigos? ¿Por qué tenían cosas tan apetitosas para morder como las zapatillas y sin embargo solo las usaban para taparse los pies? Nunca pudo resolver estas incógnitas, pero aprendió a obedecer sus reglas.

Pasado el tiempo establecido, el ángel trascendió y volvió a su forma original; se fue tranquilo, pues había cumplido sus propósitos en la vida. Algunos eran esencialmente suyos, ya sabéis: temas personales (ejem, ejem, pues aunque ellos nos hacen muy felices mientras están aquí, también tienen sus propias lecciones y su propia experiencia) y otros estaban relacionados con su humana. ¿Cuántas personas pasan por la vida sin llegar siquiera a plantearse cuál es su propósito aquí? Sin embargo, los ángeles de cuatro patas lo tienen claro. El pequeño llegó al cielo feliz y contento, pensó:

«Qué bien lo hemos pasado mi humana y yo. He intentado enseñarle las lecciones más importantes de la vida: a saludar siempre a sus seres queridos; a vivir cada mañana con entusiasmo; a estirarse cuando se despierte de dormir; a divertirse y jugar un rato sin importar la edad; a ser leal con los suyos y agradecer siempre, así como a perdonar cuando alguien se equivoca, sin guardar rencores absurdos; a vivir en el único tiempo que existe, el presente; a no juzgar; a pensar menos y sentir más; a disfrutar de las pequeñas cosas de la vida porque al final estas son las grandes cosas; a gozar de la comida; a respetar la naturaleza...

»Por fin mi humana se ha dado cuenta de que siempre estaré a su lado, de que esta unión que tenemos vencerá cualquier distancia y de que ella podrá superar todo lo que el destino le ponga en el camino con ayuda de mis valiosas lecciones».

Entonces el ángel se quedó sorprendido al mirar hacia la Tierra y ver a su humana llorando sin consuelo, llena de rabia, dolor y pena, mientras decía: «¿Por qué la muerte me ha quitado a mi peludo?».

Indignado, el ángel volvió a ver al señor Destino.

—Destino, he aportado todo lo que he podido a mi humana, ha superado las crisis con mi ayuda, le he dado lecciones valiosas y ahora resulta que está peor que antes. Ella sabía que los peludos vivíamos menos y que yo no estaría siempre, hemos disfrutado mi tiempo juntos... No entiendo nada.

—Ya te dije, pequeño ángel, que los humanos muchas lecciones las aprenden con el dolor. En un tiempo agradecerá el regalo que le has hecho, pero antes debe aprender la lección de que en un mundo temporal no existe lo eterno, que eso es cosa de almas y no de cuerpos, que ella continúa su experiencia en la Tierra y tú no, pero aun así el amor traspasa cualquier barrera y que esto no es un adiós, es solo un hasta pronto. Ella llora tu ausencia porque a los humanos les lleva un tiempo comprender que los que dejan una huella en su vida nunca se van del todo, que todas esas lecciones y ese amor no se han esfumado, sino que están guardados dentro de ella; que es la persona que es en este momento gracias al tiempo que habéis compartido. Cuando pase ese duro periodo al que llaman «duelo», entenderá que vuestro amor es para siempre, aunque no estéis juntos toda una vida. Pero al cerrar los ojos y abrir el corazón, os tendréis siempre el uno al otro en el alma.

Esta historia la escribí para mandarla en mis acompañamientos. No hay nada que me llene más de dolor el corazón que cuando hago un ejercicio de visualización con mis pacientes y al cerrar los ojos y ver a sus peludos que trascendieron solo les vienen a la mente sentimientos negativos (pena, dolor, tristeza, culpa...). Creo que toda una vida de amor incondicional no se merece dejar esa huella en nosotros. Pienso que durante el duelo el dolor nos ciega y perdemos de vista el regalo tan grande que hemos tenido al vivir con ellos. Siempre lo comparo a regalarle unas preciosas flores a un amigo: esta persona está superfeliz con ellas, pero al cabo de unos días viene a recriminarte que se han secado. Todo lo que tenemos en nuestra vida e incluso nuestra vida misma es un regalo, un precioso regalo con fecha de caducidad.

La fortuna de compartir parte de nuestro camino con un ángel de cuatro patas es el privilegio de sentir uno de los amores más puros que jamás conoceremos, una relación mágica entre especies que se aman por encima de sus diferencias y que no conectan con las palabras, sino con el corazón. Pero debemos asimilar que ese regalo es temporal físicamente, aunque eterno dentro de nosotros, ya que estas relaciones se convierten en nuestra historia personal, que vivirá por siempre dentro de cada uno. De ahí la importancia de elaborar un buen duelo. No dejemos que nuestros peludos acaben siendo algo malo en nuestra vida, motivo de dolor, trauma o resentimiento.

“

Todo lo que tenemos en nuestra vida e incluso nuestra vida misma es un regalo, un precioso regalo con fecha de caducidad.

Cuando sales del laberinto del duelo puedes ver que ese ser tan especial que partió en realidad sigue contigo, que nunca se irá y que puedes integrarlo en tu vida de forma natural.

El amor no se termina por la ausencia del ser amado; el amor permanece por siempre. Esa es la verdadera sabiduría, el verdadero aprendizaje.

Por supuesto, es una de las cosas más difíciles con las que tenemos que lidiar ante una pérdida, no dejar que el dolor de esa despedida empañe el tiempo de amor y felicidad que hemos disfrutado. ¡Es una ardua tarea!

Así que vivamos un buen duelo, hagamos este gran trabajo interno con el fin de que el amor gane siempre al dolor y de que esa sea la huella que permanezca en nosotros cuando se van.

“

El amor no se termina por la ausencia del ser amado; el amor permanece por siempre. Esa es la verdadera sabiduría, el verdadero aprendizaje.

“

La mejor manera de honrar a quien se ha ido es seguir con su legado; si se esforzó por hacernos felices, por qué pagarle su muerte con nuestra infelicidad.

Gaby Pérez Islas

Solo se muere cuando se olvida y yo nunca te olvido.

Coco

”

Cartas al amor más incondicional

*

Una vez alguien me dijo: «Los sentimientos que no se expresan mueren en nosotros».

No dejes morir los tuyos, hay mil formas de expresarlos, no solo verbalizándolos. No importa que tu hijo peludo no esté aquí físicamente. No tienes por qué dejar morir tus sentimientos por él. Hazle un dibujo, escríbele una carta o un poema; haz un mural para ponerlo en el recibidor de tu casa; escribe un pequeño libro con vuestras mejores anécdotas o vuestra historia; hazte un tatuaje, un atrapasueños con sus cosas preferidas... Las posibilidades son infinitas, como lo será el amor que sentís el uno por el otro. Tu padre no deja de ser tu padre si fallece; tu amor peludo no dejará de ser tu amor aunque fallezca.

Eco y Judith

Carta a mi gran amor

Hola, mi amor, ¿cómo está mi Equito? Espero que muy bien. Cada vez estoy más segura de que sí. Te liberaste y seguro que ahora estás siendo feliz por los dos. La muerte al final fue lo único que pudo salvarte;

ya lo sé, gordito. La mama aquí abajo te sigue echando mucho de menos, pienso en ti cada día muchas veces, lo sabes, ¿verdad?

Y también sabrás, mi amor, que estoy un poquito mejor, que pedí ayuda a Laura (¡sí, la mama pidió ayuda!). Tú mejor que nadie sabes lo que me cuesta, pero lo hice por nosotros y está funcionando; de verdad, Equito, que aquel dolor tan desgarrador que me has visto sentir está desapareciendo, mi amor, que estamos haciendo que gane lo nuestro.

Que nos han puesto a prueba más que nunca y le estamos demostrando a la vida y a la muerte que no pueden con lo que tú y yo creamos; es tan fuerte que aquí sigue.

Me mata, Equito. Me sigue matando no poder tocarte ni abrazarte y darte besitos y hacerte mimitos, y que no me mires, que no me vayas a mirar más con esos ojitos.

Pero me da la vida cuando te reconozco en el cielo, cuando te siento aquí en casa. Cuando te recuerdo y sonrío se me dibuja una sonrisa en la cara que me hace sentirte tan dentro... Y cuando me doy cuenta de que me sigues enseñando tanto...

La vida no me ha tratado tan mal cuando te puso a ti en mi camino, y ya sabes, en mi camino para siempre.

Estoy aprendiendo a estar sin ti, pero también estoy aprendiendo que no te has ido del todo, aunque nunca vayas a volver. Me conformo, mi amor. Cuando tu cuerpo se fue de mi lado llegué a pensar que todo había acabado; ya lo sabes, gordito, cómo soy y cómo me puse. Pensé: «Ya está, la mama y el Eco nunca más». Pero, gordito, qué poquito me duró pensar eso cuando empezaste a mostrarme que esto no acaba aquí, que lo nuestro es para siempre, de otra forma, pero Eco y la mama siempre estarán juntos. Sigues haciendo que quiera ser mejor.

Aquí abajo está siendo todo un poco caótico. Hace unas semanas volví a nuestro pantano. Debes recordar mi cara al llegar y verlo todo inundado, cómo lloré después... Era uno de nuestros sitios preferidos en el mundo y ahora no sé si podremos volver alguna vez. Todo está peor aquí desde que tú no estás. Todo parece derrumbarse, pero tú me ayudas a construirme a mí, y eso es lo principal.

Se me empieza a dar bien esto de escribirte, gordito.

Y llego a la parte que más me cuesta... Tengo que volver a pedirte disculpas, Equito, porque te sigo queriendo mucho mucho mucho, gordito, y necesito que me disculpes por las veces que me porté mal contigo y te hice sentir mal... Porque necesito cerrar esto y tengo que perdonarme a mí, tengo que cerrar esto por ti, por mí, por todo lo vivido.

Y es que la culpa es lo que más me nubla los buenos recuerdos y no lo voy a permitir, tampoco puedo seguir haciéndome más daño cuando tú a lo que me has ayudado siempre ha sido a curarme.

No es justo, sé que quieres verme feliz.

Lo siento en el alma, mi vida, por las veces que te fallé. Ahora lo veo más que nunca y necesito pedirte mil disculpas por las veces que te hice sentir miedo a causa de mi mal carácter. Lo que yo menos quería era que tú te sintieras así. Discúlpame por no saber pararlo a tiempo, por perder los nervios y gritarte y tratarte mal cuando no te lo merecías.

Discúlpame por todas las veces que dije cosas sin pensar, porque muchas veces mi boca iba por delante. Discúlpame por tener que escuchar cosas que yo de verdad no sentía.

Discúlpame, mi vida, por no saberle dar más valor al tiempo y disfrutar cada momento contigo como si hubiera sido el último.

Discúlpame por las veces que no supe entenderte, por las señales que no supe ver.

Y discúlpame, mi vida; discúlpame si alguna vez alargué tu sufrimiento, yo lo que menos quería en el mundo era que tú sintieras dolor y siento muchísimo si por mi egoísmo de quererte ver bien alargué tu dolor más de la cuenta; discúlpame, mi vida, porque podría haber cuidado aún mejor de ti.

Discúlpame por no haber pasado nuestra última noche pegada a ti como si fuéramos uno, por no haber estado a tu lado por si me necesitabas; ojalá hubiera sabido ver lo que tu cuerpo me decía. Ojalá hubiera sabido entenderte más, mi amor; muchas veces te entendía solo con mirarte a los ojos, pero el miedo al final pudo conmigo.

Discúlpame por nuestro final, por no haber sabido aceptar antes lo inevitable y haber podido disfrutar más de nuestros últimos días juntos.

Discúlpame, Equito, por las veces que no supe quererte mejor y por las veces que pensé en no luchar, en que lo nuestro no podía funcionar, sobre todo al principio.

Luchar por ti ha sido lo mejor que he hecho en mi vida. Gracias por no rendirte nunca conmigo, pequeño.

Me duele muchísimo pensar en nuestros momentos malos, pero me estoy curando, gordito. Hace unas semanas llegué a culparme tanto por todo que me dolía incluso físicamente. Estoy empezando a ver las cosas con perspectiva y ahora también puedo ver la parte que tú me recordarías.

Que esos momentos nunca ganaron a los buenos, que en comparación fueron minutos malos luchando contra días y días buenos. No voy a dejar ni de lejos que gane lo malo cuando lo bueno fue muchísimo más.

Que cuando se me pasaba el calentón siempre me di cuenta de lo que hacía mal y te pedía perdón, que las reconciliaciones eran tan fáciles contigo... Que por mucho que alguna vez quisiera no podía seguir enfadada contigo cuando me mirabas, y el gran trabajo que me ayudaste a hacer y me sigues ayudando, para cambiar esas situaciones en las que los dos lo pasábamos mal.

Y que cada vez lo conseguía más, gordito; tú sabes cómo aprendí contigo, tú me has visto mejorar y seguirás viéndolo. Sé que lo arreglaba, pero siento haber tenido que arreglarlo.

Mi vida, estoy empezando a dejar ir todo lo malo y a quedarme con nuestra historia, cómo cambiamos los dos con el tiempo...

Te estaré eternamente agradecida por enseñarme a querer así, por enseñarme a querer ser mejor para quererte mejor a ti, por demostrarme que con amor y paciencia las cosas cambian a mejor, a mucho mejor. Discúlpame, Equito, por no haber sabido sentir amor todas las veces que estuve contigo. Y si algo puedo asegurarte, es que de aquí en adelante no dejaré de sentirlo ni un segundo.

Eco, Eco, Eco... Te estaré eternamente agradecida por haberme elegido a mí. Yo he sido tu mami y daré las gracias siempre por haberte podido conocer y querer así de bien, así de fuerte.

Gracias por enseñarme a confiar en el lado bueno, en ti y en mí.

Por darles sentido a las palabras «amor incondicional» y por dejarme tan claro qué es la lealtad.

Gracias por ser mi familia, mi primer pequeño, el mejor, para siempre. Tú ya te has ganado un sitio eterno dentro de mí.

Gracias por ser mi equipo y crear esta unión indestructible.

Gracias por quererme así, Equito; conseguías y sigues consiguiendo hacerme sentir la persona más especial del planeta. Gracias por llenarme de luz y de vida cuando nada más podía.

Gracias por estar a mi lado, por siempre poder contar contigo, por esa compañía que no tenía precio y que cuanto más pasa el tiempo más la valoro.

Gracias por enseñarme tan bien el significado de la calma y la tranquilidad; eras paz en este mundo desbordado.

Gracias por esos días inolvidables, por esos días que nos íbamos a dormir cansados de ser felices, de haber compartido el día perdidos por ahí y haber encontrado la felicidad haciéndolo juntos; gracias por esos momentos que no habría cambiado por nada del mundo. Eras mi mejor compañía, gracias por no decirme que no nunca a ningún plan; al contrario, gracias por mejorarlos.

Gracias por nuestros viajes... Por cada escapada juntos, que valió todo el tiempo que invertimos; por devolverme las ganas de explorar y querer conocer sitios, de ir cada vez más lejos, de sentir que todo podía salir bien si con quien iba era contigo.

Gracias por las risas, grandullón; por hacerme reír sin hablar, por recordarme cómo eran mis carcajadas cuando hasta a mí se me olvidaban.

Gracias por los momentos, esos que tú y yo sabemos y que ahora no cambio por todo el oro del mundo, pequeños instantes que han conseguido cambiarme la vida y enseñarme lo que de verdad es importante.

Gracias por ser tan bueno... Si tuviera que describirte con una palabra, sería «bondad». Gracias por hacerme querer ser un reflejo de ti, gracias por cómo cuidaste de mí hasta tu último suspiro.

Y gracias porque sé que lo sigues haciendo. Lo sé, Equito.

Gracias por existir, por cruzarte en mi camino, y elegirme a mí, por demostrarme que la magia sí que existe, pero primero se tiene que crear.

Siempre estaré agradecida por todo lo que vivimos juntos.

Muchas gracias, Equito, por haber podido ser tu mama. Siempre lo seré.

Nunca podré despedirme del todo de ti, pero me están enseñando qué es dejar ir y tengo que hacerlo contigo. Dejar ir es aceptar que no vas a volver aquí conmigo, aceptar que te has muerto, pero también es aceptar que no todo acaba aquí; seguimos juntos de otra forma y dejar ir es aceptar eso.

Claro que seguimos juntos. Si todo hubiera acabado el día de tu muerte, el amor, y todo lo bueno ahora mismo sería imposible que yo estuviera escribiéndote esto, y aquí estamos. El amor, los buenos recuerdos, el aprendizaje y tu luz se quedan en mi camino. Nunca podrán separarnos del todo. Pero te dejo ir, Eco. Te dejo ir porque te quiero demasiado y es lo mejor que puedo hacer por nosotros.

Volveremos a vernos, Equito. Sé que si aprendemos a querernos así llegará el día en que tú y yo podamos volver a abrazarnos; estoy segura y eso me da fuerza para seguir.

Hasta siempre, mi amor.

La mama, que nunca dejará de quererte así de fuerte ¡porque eso es imposible!

Vuela alto y libre, gordito; siente la libertad y sé muy muy feliz. Tu felicidad siempre estará conectada con la mía. Yo también lo seré desde aquí, por nosotros. Para siempre.

T'estimo molt, Eco, y no dejaré de hacerlo nunca.

JUDITH

Duende y Ester

Duende, mi niño, mi peluche. Voy a escribir este pequeño texto para no olvidar jamás cuánto te quiero y cuánto nos diste mientras estuviste aquí con nosotras. En él voy a hablar de grandes momentos vividos junto a ti que no quiero olvidar jamás. Recordar esto todavía duele demasiado, pero he de escribirlo por varios motivos. He de sanar porque este dolor que me ha dejado tu partida es muy corrosivo y, si no lo freno, me comerá por dentro. También quiero escribirlo todo para que quien lo lea, ahora o en un futuro, sepa lo importante que fuiste para mí y para toda mi familia. Y porque quiero que Yuna, mi niña, te quiera como parte de la familia que has sido y serás siempre.

¿Recuerdas nuestra primera noche juntos? No parabas de llorar. Te ponía en mi pecho y no te calmabas. Te escondías entre mi pelo, y eso que aún no abrías ni los ojos. ¡Eras tan pequeño! Cabías en la palma de mi mano. Quién lo diría viendo tus fotos después, cuando eras un precioso gato de seis kilos. Aunque era la madrugada del viernes al sábado y yo tenía que ir a trabajar, pasé la noche en vela contigo en el pecho, dándote calor e intentando que durmieras. Tenías hambre, pero no teníamos nada que darte. Nunca habíamos tenido gatos. Esto era nuevo para mí y para mi familia. Teo era pequeño también y apenas hacía tres o cuatro semanas que estaba en mi piso, y yo me quedé contigo en casa de nuestra familia, porque si te hubiese dejado solo con él, habrías sido su nuevo juguete y eras muy bebé para eso. Sobre las siete de la mañana llamamos a un taxi y te llevé dentro de un bolso al veterinario, al mismo al que doce años después tuve que llevarte para dejarte ir. La veterinaria que te visitó me dijo que tenías apenas una semana y que probablemente no ibas a sobrevivir. Me dijo que te comprase leche de gato y un biberón. Y así te criamos, te enseñamos a hacer pis y caca, y creciste junto a nosotras como crecía nuestro amor por ti. Nos convertimos en tus tres mamás.

Doce años has estado con nosotras y todos y cada uno de los momentos a tu lado han sido muy bonitos. Aunque a veces te mostrabas bastante arisco y solo aceptabas unos pocos mimos, tuvimos momentos muy amorosos. Recuerdo las siestas juntos en la cama de matrimonio. Tú estabas allí estirado, durmiendo plácidamente, cuando iba yo a molestarte. Yo solo quería darte besos y mimos, pero tú te ibas y te escondías bajo la cama. Pero entonces yo me quedaba dormida y al despertar te encontraba tumbado a mi lado, aunque guardando las distancias... ¡no fuésemos a creer que eras un gato cariñoso!

Recuerdo también cuando llegaba a casa y apenas empezabas a abrir los ojos y me seguías con la mirada. O cuando, ya grandote, te tumbabas en el suelo a dar volteretas y yo te cogía panza arriba y te daba besitos en la barriga. O cuando esperabas a que pusiera mi ropa o mis cosas en el sofá para tumbarte encima. Me gustaba esconderme también tras la puerta de la cocina porque jugábamos al escondite e intentabas cogerme asomando tus patitas por debajo de la puerta. Son tantos los momentos bonitos junto a ti que necesitaría una vida entera para escribirlos todos.

¿Sabes qué? Nunca te lo dije, pero me encantaba verte en la esquina del pasillo, justo donde te daban los rayitos de sol. Y verte en el comedor dando volteretas. Me encantaba tu melena que tan poco te gustaba que te peinasen y, cuando me dejabas hacerlo, te peinaba como un pequeño leoncito de peluche.

Y me encantaban tus ojos, tan vivos y tan bonitos. Siempre decíamos que parecía que te hubieras pintado una raya alrededor porque eran dorados y perfilados de negro.

Me gustaba verte mirar por la ventana buscando el vuelo de las palomas, a las que te gustaba acechar.

Y tus cabezazos cuando te decía «dame un besito» y chocabas tu cabeza contra mis labios.

O cuando estabas tan dormido que te acercaba la mano y hundías tu cabecita en el hueco de mi palma apretándome con tus patitas. Pero solo unos segundos, ¡luego me mordías!

Han pasado ya seis meses desde que te fuiste y cada día, cuando pienso en ti, siento que te quiero muchísimo y que nos haces mucha falta, y más en estos momentos de confinamiento. Les dabas mucha felicidad a mi madre y a mi hermana, y te echan muchísimo de menos. Siento el vacío que nos has dejado y una inmensa tristeza por no tenerte aquí y verte solo en unas fotografías. Siento impotencia por no poder devolverte a la vida y por no poder tocarte nunca más. Siento rabia por no haber actuado de otro modo cuando te fuiste. Nunca sabremos si había alguna opción de que te salvases.

Cada día frente a tu fotografía te digo que te quiero muchísimo y que siempre vamos a quererte. Que lo que hicimos siempre lo hicimos pensando en tu bienestar. Que fuiste lo más bonito que nos ha pasado a las tres, nos uniste mucho y nos diste miles de momentos de felicidad. Y te daría las gracias por habernos elegido para vivir tu vida junto a nosotras.

Sigo sintiendo culpabilidad por no haber ni pensado en llevarte a otra clínica veterinaria para tener otro diagnóstico. Desde el martes que te llevamos la primera vez al veterinario hasta el viernes que te fuiste, debimos actuar de otro modo. No sé... siento que esperamos y jamás pensamos que te podías ir tan rápido. Duende, miro la foto que te hice ese mismo martes cuando por la noche ya estabas mal y te llevamos al veterinario, y no me puedo creer que todo fuese tan rápido. Es como si se hubiera congelado el tiempo. Parece que realmente te tuvieras que ir así y no pudiéramos hacer nada para evitarlo.

Quizá si te hubiéramos llevado a otra clínica o si te hubiéramos dejado ingresado el primer día, tal vez estarías aquí. Me siento muy muy culpable por no haber sabido actuar de otro modo. Y porque te fueras allí solo, sin nosotras. He leído que cuando os vais necesitáis estar con los que os queremos, que os demos mucho amor, y nosotras te dejamos allí solo. No olvido cómo me giraste la carita cuando te acaricié. Quiero creer que ya no eras tú y, sobre todo, que no sufrías. Que no me odias por eso porque sabes que si hubiéramos sabido que te ibas, jamás te habríamos dejado solo.

Ya no lloro todos los días, pero no porque no te recuerde; intento ser fuerte y apartar la tristeza porque si paro la mente y te recuerdo me pasa lo que me está pasando ahora, que no paro de llorar y llorar. Entonces es cuando me planteo si realmente estoy mejor o solo mantengo la compostura para que los que me quieren no me vean llorar todo el rato.

Estamos aprendiendo a vivir sin ti, pero es muy difícil, Duende. Sigues estando en casa con nosotras: tus cenizas y tus fotos están en el lugar más bonito de la casa. Te hablamos, te decimos que te queremos, te ponemos velas y flores, y mirar tu foto nos recuerda a diario que el amor por ti era, es y será tan grande que aunque no te veamos siempre estarás con nosotras.

Espéranos en el arcoíris, Duende; allí volveremos a estar todos juntos.

Ester

Laika y Joana

Carta a mi perrhija Laika

19 de febrero de 2020

Pequeña, mi amor. Hoy hace seis meses que te fuiste de mi lado al puente del arcoíris y yo me he quedado vacía. Sé que no podía dejarte sufrir, pero aquella noche, el diecinueve de agosto de dos mil diecinueve, a las nueve de la tarde, tuve que tomar la decisión más dura de mi vida y preferí sufrir yo a seguir viéndote así. Aquella noche mi corazón se rompió en mil pedazos. Te llevaste un trozo de mi vida, de mi felicidad. Contigo he aprendido lo que es el amor incondicional. Me haces mucha falta, a mí a la que más. Tu hermana humana tiene su vida y lo lleva mejor; es más consciente que yo de que tenías que partir antes. Tu papa humano sufre, pero en sus adentros, ya lo conoces; él es más fuerte y lo lleva de diferente manera, pero que sepas que aquella noche lo vi llorar como un niño pequeño porque él te quería mucho también, pero sabes que tú y yo éramos solo un alma. Contigo mis problemas eran la mitad porque sabía que mirándote a los ojos ellos me decían lo que yo necesitaba. Nunca me he sentido tan querida como por ti, tan acompañada como cuando estaba contigo, tan comprendida como cuando simplemente te sentabas en mi regazo.

Pequeña mía, ¿dónde estás? No te siento, no te veo. Perdóname por no haber podido estado a tu lado los últimos días, qué cosas tiene la vida. Fuiste una guerrera ya desde bien pequeña y luchaste sola las horas que yo no estaba, pero no podías más; yo no sé si era tu hora o no, aún tengo mis dudas. No sé si podía haber hecho algo más. Sé que nunca podré ser feliz sin ti. Tú representabas todo el amor que me hacía falta. Perdóname cuando te reñía porque te hacías pipi en casa; me arrepiento y mucho. ¡Yo no sabía que te arrancarían de mi lado así, sin más! Me quedaron muchos besos y abrazos por darte, te llevaste tanto amor...

Laika, mi amor, esta carta fue escrita en el sexto mes tras tu partida. No pude seguir escribiéndola. Tu mami tenía tanto dolor que nadie sabía cómo ayudarla. Un día el cartero llegó a casa con un paquete que enviaba tu tata Rosa C. y dentro había un libro, se titulaba *Espérame en el arcoíris*. Empecé a llorar solo viendo el título. ¡Era tanto el dolor que tenía! Pero lo leí, fue un regalo que me ayudó a entender muchas cosas. A través de él conocí a Laura, su autora, que me ha ayudado a llevar tu duelo y me hizo entender que tú no te has ido, sino que sigues viva en mi corazón, y así, poco a poco, voy aceptando tu partida. Ahora veo que tú fuiste un regalo que pude disfrutar durante trece preciosos años. Aún te extraño, pero no quiero recordarte con pena, tristeza o desespero, porque no quiero sentir eso por ti; tú, mi niña, no te lo mereces. Quiero que veas que tu mami no se olvida de ti ni nunca lo hará, pero sobre todas las cosas no voy a olvidar tus bonitos recuerdos ni el amor que me diste y el que aún me das igual que yo a ti, estés donde estés. Aunque me ha costado un tiempo, he aprendido que volver a disfrutar no es una traición hacia ti; al revés, que tu misión aquí fue hacerme feliz y yo debo seguir tu camino marcado. He aprendido a volver a cantarte nuestras canciones de amor, a pasear por donde más nos gustaba... y lo más increíble es que cada vez que lo he hecho tú me has mandado una señal diciéndome que eso es lo que tenía que hacer, validando mis decisiones y empujándome a volver a ser feliz. Gracias; incluso sin estar aquí sigues ayudándome.

He sido una privilegiada por tenerte, porque, ¿sabes?, un amor así pocos lo tienen. Sé que donde estés aún me quieres y me ayudas, eres mi ángel, mi estrella que me guía desde arriba, y sé que estoy en tu corazón como tú en el mío. Juntas hasta la eternidad.

Espérame en ese puente tan precioso, ¡corre! ¡Respira! ¡Juega! Y sé feliz hasta que nos volvamos a ver, porque sé que me vendrás a buscar y entonces estaremos juntas para siempre; nunca más nos separaremos. Tú tan solo sé feliz.

Tu mami, que te quiere para toda la vida.

Joana E.

Yulka y Rebeca

Mi pequeña Yulka:

Han sido tantos los nombres cariñosos que te he puesto que no sé ni cómo reconocías tu nombre: Princesa, Bizcocho, Yulki...

Llegaste una Navidad de hace casi diecisiete años. Eras una pequeña bolita de color amarillito, tan buena e inocente... Te compraron en una tienda, nunca había comprado un perro y en aquella ocasión tampoco fui yo quien lo hizo, pero llegaste a casa aquella Navidad en la que David, mi primer hijo, tenía tan solo un añito y medio. Llegaste muy malita, tanto que creí que te perdía; solo te conocía de dos días pero habías llegado desde Madrid por MRW para conocer a tu nueva familia y la idea de perderte me rompía el alma. Recuerdo que te abracé y te supliqué que te quedaras conmigo, y vaya si lo hiciste.

Recuerdo que cuando tenías doce años te pusiste malita por una infección de útero y te tuvimos que operar. El veterinario me advirtió que dada la edad que tenías era posible que no te despertaras, así que allí, en la mesa de operaciones, te abracé y te supliqué una vez más que no me dejaras.

Mi pequeña Princesa, fueron tantos los momentos que me regalaste a mí, a los niños que tan bien cuidaste... Recuerdo cuando llegó Álex a casa y te asomabas al carro para ver qué había traído. No tardaste en darle todos los mimos que podías. Y a tu hermana perruna

Luni, que adoptamos cuando tenías un añito, siempre la protegiste y cuidaste. Ahora, Yulka, te echamos muchísimo de menos todos, y aunque Luna intenta no mostrar su tristeza, sé que también está extrañándote mucho.

Te marchaste el catorce de septiembre en mis brazos tras pasar un fin de semana horrible en el que apenas podías moverte, faltando dos semanas para cumplir diecisiete años, mi golden.

El lunes te llevé sabiendo que volvería sin ti. A tu lado hasta el último aliento, y es que por mucho que me doliera no podía dejarte sola, no quería que tuvieras miedo y no me vieras junto a ti. Tú siempre estuviste en todos esos días tristes dejándome abrazarte y besarte, recibiendo todo tu amor incondicional y tus besos.

Aquella noche, casi entre sueños, una ráfaga de aire movió las sábanas de tal manera que recuerdo que pensé que eras tú despidiéndote de mí; pensé que ya serías libre de ese cuerpecito viejo que tantos problemas te había dado; quise pensar que me decías: «Mami, estoy bien». Te he perdido en un año muy difícil para mí, pero sé que no te podía pedir más; esta vez debía dejarte marchar.

Hoy solo quisiera decirte que tú, Yulka, has sido la mejor de las compañeras que hemos podido tener Luna y yo, y que espero no haberte fallado. Gracias por todo lo que me has dado. Te amo muchísimo y, como te dije, espérame allí donde hayas ido, porque algún día iré para estar contigo. Y cuando tu hermana perruna se marche, déjala junto a ti para que os pueda encontrar a los dos.

Siempre estarás en mi corazón, no importa el tiempo que pase porque tú eres una parte de mí. Te amo, Princesa.

Rebeca

Angi y Trufa

Ya termina tu año, el último año en el que te vi, en el que sentí tus pasos al lado de los míos, en el que te abracé cada uno de los días que pasé junto a ti. Me diste la vida; estuviste a mi lado cuando ni yo hubiera estado junto a mí; sentiste mis lágrimas en tu peludo cuerpo, me ladraste para que parara y me trajiste el primer juguete que encontraste para que te lo lanzara y sacarme de mi mundo de tormentos y lo cambiaste por un mundo de felicidad; me sacaste más de mil sonrisas solo con mirarte; me acompañaste en mis paseos sin rumbo; me mirabas y yo me sentía feliz. Estabas ahí siempre, sin juzgarme, sin rencores, sin miedos, sin más... Solo querías estar a mi lado y me daba la vida. Cuando no quería seguir, cuando no quería que nadie existiera en mi vida, tú eras la excepción siempre. Tú, una extensión de mi propia alma; no concebía mis días sin ti y ahora... Ahora tengo que vivir sin ti.

No volveré a abrazarte, no volveré a sentirte, ahora la soledad la vivo más intensa, ahora soy solo yo. Aunque tengo la suerte de tener a tu gata-hermana, quien te ayudó a dar tus últimos pasos en este mundo, partiendo hacia el arcoíris. Os he hecho un dibujo que siempre llevo en el corazón. Menos mal que la tengo a ella. Kissi me hace sentir felicidad en mi soledad. Al abrazarla me responde con sus ronroneos, siente mis miedos, mis inseguridades, cuando te extraño demasiado, cuando sabe que algo no va bien es mi acompañante hacia la luz. Igual que hizo contigo ese triste día ahora lo hace conmigo, la adoro. Te quiero tanto tanto tanto que no hay forma ni palabras que pueda escribir para decir al universo el dolor tan desgarrador que sentí cuando vi que se te iba la vida, cuando no pude retenerte más a mi lado, cuando tu mirada me decía «déjame ir» y mi corazón sabía que tenía que hacerlo por ti, porque te quería y habría hecho cualquier cosa por ti, porque tú eras más importante que yo, porque no soportaba verte sufrir. Por todo lo que significabas para mí no pude permitir que esa mirada siguiera con ese dolor.

Trufi, te dejé descansar.

Trufi, te llevaste parte de mi alma.

Trufi, te seguiré queriendo, te seguiré recordando cuando mire al cielo. Cuando vea que una estrella me hace un guiño pensaré que juegas con Inés; cuídala, esa pequeña guerrera también luchó hasta el final. Jugad, yo os observaré desde la Tierra; seguid brillando para mí.

Te quiero, mi gorda.

ANGI

CARTA A NUESTRO DUELO

Ha llegado el momento de despedirte de tu duelo, de decirle adiós y dejar paso a la huella de amor que nuestro peludo ha dejado en nosotros.

Carta al lector

Querido lector:

Gracias por haber llegado hasta aquí. Espero que este libro te haya servido de ayuda para pasar por esta dura etapa de tu vida.

Deseo de corazón que sientas que el dolor por tu querido animal es completamente válido, ya que una pérdida así es un duelo con todas las letras. Que utilices todos los ejercicios que te aconsejo en el libro y encuentres muchos que te ayuden a sacar lo que llevas dentro; que sean una pequeña herramienta en cada pasadizo del laberinto del duelo. Espero que a partir de aquí sigas formándote con relación a la muerte, porque saber de ella te hará más fuerte y a su vez te mostrará lo que verdaderamente es vivir. Pero, sobre todo, te deseo que aceptes la vida como se te presenta y que siempre hagas con las lágrimas un precioso arcoíris.

Gracias por haber visto un alma tras un hocico. Gracias por haber amado así a un animal.

Si crees que esta obra puede beneficiar a otras personas que estén pasando o vayan a pasar por lo mismo que tú, te animo a que las ayudes a encontrar este libro dejando un comentario sobre él o compartiéndolo en tus redes sociales.

LAURA VIDAL

Si quieres más información sobre mis servicios, necesitas mi ayuda o simplemente te apetece compartir algo conmigo, puedes encontrarme aquí:

Espérame en el arcoíris
Espérame en el arcoíris
huellaemocional@hotmail.com

Agradecimientos

Si has adquirido este libro en una tienda física, debes saber que ha sido gracias a Oriol. Gracias por tu infinita paciencia conmigo, por las llamadas, los consejos, los mensajes; pero, sobre todo, por creer en este libro.

Debo agradecer la confianza, desde lo más hondo de mi ser, a las personas que me han abierto su corazón para que las acompañe en el laberinto del duelo; gracias a ellas y a todo lo compartido he podido hacer este libro, pues si yo les he enseñado algo, seguro que ha sido una décima parte de lo que ellas me han enseñado a mí. Debo hacer especial mención a las que en un acto de generosidad han sido capaces de exponer su sentir más íntimo y me han dado permiso para publicar sus cartas. Gracias, estoy segura de que servirán de inspiración a muchas personas.

Gracias a mis lectoras cero por sus valiosos consejos para sacar brillo a este libro. Noelia, Rebeca y Ester, no sé cómo podré agradeceros vuestra ayuda para ver donde yo no llegaba y ayudarme a ordenar las ideas cuando mis sentimientos iban por delante.

Gracias a los animales por haber sido unos maestros excepcionales. Me habéis enseñado lo que es importante de verdad.

Dicen que en la vida todo niño debe tener dos cosas: un perro y una madre que le deje tener uno. Gracias, mamá.

Gracias a mi familia, mis padres y mis hijos, que son lo más bonito de mi vida; nuestros momentos juntos son todos mis «momentos tesoro».

Pero si hay alguien en especial que tiene la culpa de que este libro vea la luz ese es mi marido, mi fan número uno, como se autodefine. Gracias por ser la persona que más cree en mí (incluso más que yo misma), gracias por animarme y hacerme querer ser mejor persona, por espantar mis miedos e inseguridades y hacerme ver que al final el amor es lo único que importa.